1 MONTH OF
FREE
READING

at
www.ForgottenBooks.com

By purchasing this book you are eligible for one month membership to ForgottenBooks.com, giving you unlimited access to our entire collection of over 1,000,000 titles via our web site and mobile apps.

To claim your free month visit:
www.forgottenbooks.com/free986864

ISBN 978-0-267-03241-9
PIBN 10986864

This book is a reproduction of an important historical work. Forgotten Books uses
state-of-the-art technology to digitally reconstruct the work, preserving the original format
whilst repairing imperfections present in the aged copy. In rare cases, an imperfection in
the original, such as a blemish or missing page, may be replicated in our edition. We do,
however, repair the vast majority of imperfections successfully; any imperfections that
remain are intentionally left to preserve the state of such historical works.

Wippchen's sämmtliche Berichte.

Herausgegeben

von

Julius Stettenheim.

I. Der Orientalische Krieg.

Mit Wippchen's Portrait von Gustav Heil.

Dritte unveränderte Auflage.

Berlin, 1878.

Verlag von B. Brigl.

Seinen

lieben Collegen

Wippchen.

Vorwort an den Herausgeber.

So mag es denn sein! Sie wollen meine sämmtlichen Kriegsberichte herausgeben, und ich weiche der Gewalt. Contre la force il n'y a pas des juges à Berlin! Aber ich kann nur wiederholen, was ich Ihnen noch nicht zu sagen den Muth hatte: Der Tag, an welchem das Buch erscheint, wird einer der unglücklichsten Capuas meines Lebens sein!

Denn ich bin nicht zum Kriegsberichterstatter geboren. Meine Amme umstanden die Musen, und früh schon regte sich in mir der Pegasus. Ich bin — verzeihen Sie das harte Wort! — ein Dichter. Wenn andre Knaben ihre Schularbeiten spielten, floh ich der Brüder wilden Reihn und dichtete mich satt. Oft drohte mein Vater, mir Papier und Dinte höher zu hängen, wenn ich mir die Leier nicht aus dem Kopf schlüge, und nur allzuhäufig mußte ich die ganze Schwere des Lehrers fühlen, wenn ich meine Schulhefte vollgesungen hatte, oder irgend eine Frage in gebundener Zunge beantwortete. So durchlebte ich dornenvolle Kinderschuhe!

Trotzdem wuchs mit meinen Jahren der Hang zur Poesie. Ich dichtete fern vom Geräusch meines Vaters weiter, ich dichtete sogar aus dem Schlaf. Aber als ich endlich einem Buchhändler einen Band meiner Gedichte anbot, sagte derselbe: „Herr Wippchen, Sie schreiben eine gute Hand, wollen Sie Buchhalter bei mir werden?"

Mir fiel das Herz aus den Wolken, und ich eilte als geschmolzener Ikarus aus dem Laden. Ich hatte noch nicht zu Mittag gespeist. Ich hatte Hunger. Das Messer stand mir auf den Hacken. Ein Ertrinkender, griff ich zum Strohhalm, der mir zufällig gebraten in den Mund flog: ich zog die Hippokrene aus und wurde Journalist.

Denn Sie suchten grade einen Berichterstatter für die im Orient ausbrechende Bellona, ich stellte mich Ihnen vor, Sie gewannen mich. Da haben Sie die Geschichte meiner Biographie.

Und nun soll ich, der einst mit tausend Masten den Parnaß erklimmen wollte, still auf gerettetem Boot vor die Menschen hintreten und sagen: Hier bin ich, der Kriegsberichterstatter Wippchen!

Ob Sie begreifen, was das heißt? Mir stehen bei diesem Gedanken die Träume meiner Jugend zu Berge.

Aber es soll ja sein, und nun habe ich auch kein Erbarmen mehr mit mir, nun bitte ich Sie: Lassen Sie mich, bis mir eine bessere Zukunft lacht, die ganze Prosa meines tiefen Falls fühlen und schicken Sie mir einen Vorschuß von 50 Mark auf das Honorar der ersten Auflage. Ich werde es ohne Murren ertragen, ich bin nichts mehr als eine entlaubte Säule, die von verschwundener Pracht zeugt.

Bernau, im März 1878.

Wippchen.

I.

Vorbemerkung der Redaction.

Das große und gerechtfertigte Mißtrauen, mit welchem das in Zeitungen blätternde Publikum den Briefen aus Hauptquartieren 2c. entgegenkommt, hat auch uns veranlaßt, einen unserer ownsten Correspondenten, Herrn Wippchen, der bereits mehrere Eröffnungen des Bockbierausschanks und zwei Generalversammlungen einer Baugesellschaft mitgemacht hat, auf den Schauplatz der orientalischen Frage abzusenden.

Kaum war diese Absicht ruchbar geworden, so meldeten sich auch bereits vier Directoren von renommirten Lebensversicherungs-Instituten, welche sich bereit erklärten, das Leben unseres Wippchen gegen jede im Kriege drohende Gefahr unter den billigsten Bedingungen zu versichern.

Gestern nun ist unser Herr Wippchen, vom herrlichsten Wetter begünstigt, um 11 Uhr Vormittags abgereist. Abends hatten wir schon seinen ersten Bericht aus Bernau, den wir hier folgen lassen:

Bernau, 3. Mai 1877.

Nach zweistündiger Fahrt bin ich hier angekommen und fand in diesem freundlichen Hussitenstädtchen eine fern vom Geräusch der Eisenbahn gelegene Wohnung, wo ich mich mit Muße meiner Aufgabe widmen zu können hoffe. Ich gedenke, Ihnen täglich eine größere Schlacht zu liefern. Die Lage Bernaus, das steht fest, ist eine dem Unternehmen durchaus günstige, da es möglich ist, von hier aus täglich zwei Mal nach dem Kriegstheater abzureisen, aber noch häufiger nach Berlin zu schreiben.

Schon auf der Eisenbahn sprach man viel davon, daß die Würfel gefallen seien und der Janustempel wohl so bald nicht wieder in die Scheide gesteckt werden würde. Darüber war man sich auch am Abend vor meiner Abreise im „Kaiserhof" bereits ganz einig gewesen.

Leider bin ich nicht mit den nöthigen Karten versehen. Mein Stieler, nach welchem ich in der Schule Geographie lernte, ist doch veraltet, auch fehlt darin die Karte von der Türkei fast gänzlich. Indeß höre ich, daß in Bernau die Kölnische Zeitung und die Neue freie Presse gehalten werden, mit deren Hülfe ich hoffe, mich leicht orientalisiren zu können.

Vortrefflich war die Idee, mich abreisen zu lassen. Denn ein Kriegsberichterstatter, das steht fest, darf nicht fortwährend in der Stadt, in welcher seine Berichte gedruckt erscheinen, gesehen werden.

Das Wichtigste für heute ist, daß der gegenwärtige orientalische Krieg nicht der erste ist. Es haben, das steht fest, schon mehrere stattgefunden, deren keiner mit der Vernichtung Rußlands, oder der Türkei geendet hat. Beide erhoben sich stets wieder wie Aphrodite aus der Asche. Daß der Halbmond ein kranker Mann ist, kann ich nicht zugeben. Im Gegentheil glaube ich, daß er gesund ist wie ein Karpfen in Bier, — würde er wohl sonst die Vielweiberei bis zur Bigamie treiben können?

Freilich, freilich, Rußland behauptet jetzt, der Bart des Propheten müsse vom Erdboden rasirt werden, weil die Türkei die Christen verfolge und quäle. Wie aber, wenn nun plötzlich die Türkei sagte, auch in Rußland seufzten die Christen unter dem Prokustesbette, und es müßte deshalb den Russen die Cultur auf die Brust gesetzt werden, — was dann?

Und England! Es wird, das steht fest, nicht dulden, daß sich Rußland nach Außen vergrößert. Aber eine Erweiterung im Innern wird es doch mit seiner Armada nicht verhindern können.

Wo ist der Ariadnefaden, der uns aus der Scylla dieses Augiasstalles herausleitet?

Ich schreibe nunmehr meinen ersten Bericht vom Kriegsschauplatz, lege denselben bei und bitte Sie, mir gleich einige von den neuen goldenen Fünfmarkstücken zu senden, auf welche man in Bernau sehr neugierig ist.

*   *

Leowa, den 24. April.

W. Die rosenfingerige Eos hatte kaum fünf geschlagen, als ich mich von meiner nackten Erde erhob und an den Pruth

eilte, um die ruſſiſchen Truppen denſelben überſchreiten zu ſehen.
Es mochten, das ſteht feſt, 13,000 Mann ſein: Tſchetſchenzen,
Svanetier, Ingeſchen, Zaporopiſche Koſaken, Lesghiern, meiſt
erwachſene Leute, welche auf Glatz marſchirten. Sie ſangen
ein Lied, welches ich „die Wacht am Pruth“ nennen
möchte. Als der General Strobelew mich ſah, erklärte er,
ich ſei ein Spion und verurtheilte mich zu lebenslänglicher
Knute. Ich drehte ihm natürlich den Rücken zu, lag aber
während deſſen ſchon auf der Regimentsbank, und zwei
Koſaken erhoben die Knute des Damokles ſchon zum Todesſtreich,
als der General erklärte, ich ſollte diesmal noch mit blauem
Auge davonkommen. Ein Koſak ſchlug mir ein ſolches, und
der General drückte mir dann die Hand mit der Verſicherung,
bald ſollte in der Türkei kein Chriſt mehr ſeufzen. Ich grüßte,
indem ich zwei Finger meiner rechten Hand an das Auge
legte, und der General ſetzte ſeinen Weg fort.

Die Rumänier, welche herbeigeeilt waren, um dem Pruth-
übergang mit beizuwohnen, fluchten unter weithinſchallenden
Hurrahs und ſchwenkten mit geballten Fäuſten die Hüte.

Ich eile nach Kars, wo ein Scharmützel ſtattfindet.

*　　　　　*
*

Batum, den 26. April.
W. Die Ruſſen und die Türken waren in der Nähe von
Batum aneinandergerathen. Ich ſtand auf einem Leichen-
haufen und konnte Alles genau beobachten. Die Türken hieben
ſo furchtbar ein, daß bald ihre ſämmtlichen krummen Säbel

völlig schlank gehauen waren. Die Russen ließen sich dies nicht zweimal sagen und schonten gleichfalls nichts. Der Kanonendonner war schrecklich. Bumm! Bumm! Aber viel lauter! Einmal gerieth ich zwischen einen Russen und einen Türken, und Beide schossen zugleich auf mich. Da bückte ich mich rasch, und Beide sanken, Jeder von der mir vom Andern zugedachten Kugel getroffen, entseelt zu Boden. Ich kann von Glück sagen. Charons Sense hat mich wie durch ein Wunder geschont.

Stundenlang wogte das Gefecht. Endlich blieb es unentschieden. Die Russen sowohl, als auch die Türken haben gesiegt. Ermattet von Strapazen und Courage schlief ich endlich auf einer Trommel ein und erwachte erst, als ein Russe einen Wirbel auf mir schlug. C'est la guerre!

Nächstens mehr.

II.

Herrn Wippchen in Bernau.

Seit dem 3. haben Sie nicht ein einziges Scharmützel von sich hören lassen, denn Ihre Bitte um einen weiteren Vorschuß, den wir Ihnen auch leider geschickt haben, können wir doch unmöglich als einen Schlachtbericht ansehen. So scheinen Sie denn die ganze orientalische Verwickelung als eine Gelegenheit zu benutzen, für unsere Kosten auf dem Lande zu wohnen. Nennen Sie dies our own? Wenn, dann irren Sie sich. Erhalten wir nun nicht umgehend einen der blutigsten Zusammenstöße aus Ihrer geschätzten Feder, so werden wir uns nach einem andern Correspondenten umsehen müssen. Erst gestern hat sich uns einer Ihrer werthen Herren Collegen empfohlen, welcher bereit ist, die Zeile Schlacht für fünf Pfennige zu liefern. Dies geben wir Ihnen zu bedenken und grüßen Sie in Erwartung eines verzweifelten Kampfes

ergebenst

Die Redaktion.

❋

Bernau, 17. Mai 1877.

Klio, die Meduse der Geschichte, wollte mich diesen Morgen gerade zu einem Bombardement von Widdin begeistern, als

Ihr werther Brief eintraf. Es thut mir leid, daß Sie un-
zufrieden sind. Aber Sie werden auch zugeben müssen, daß
ich die furchtbare Macht Rußland's nicht über's Knie brechen
kann. Eine Schlacht will geschrieben sein. Ich hatte auch
mehrere Gemetzel zu Papier gebracht, aber sie gefielen mir
schließlich nicht, weil ich sie nach einem Bericht über die Erstürmung
der Düppeler Schanzen verfertigt hatte und nicht recht wußte,
wie ich die Insel Alsen placiren sollte. Unmögliches dürfen
Sie nicht von mir verlangen: ich kann mich nicht wie Leda
in einen Schwan verwandeln und einen Stier entführen.
Wir sind Alle nur mehr oder weniger sterbliche Menschen, und
Romulus und Remus wurden nicht an einem Tage gebaut.
Und was nun mein College betrifft, der Ihnen die Zeile
Schlacht für fünf Pfennige liefern will, so ist dies allerdings
sehr billig, aber seine Schlachten werden auch danach aussehen:
Angriffe dritter Classe, Mittelsiege, Alfénide-Rückzüge, aus-
rangirte Gefechte. Reuleaux würde auch von Ihren Kriegs-
berichten sagen: Billig und schlecht.

Sie werden das einsehen und es wie ich sapienti
sat haben, über diesen Gegenstand noch ein Wort zu verlieren.

Ich habe in diesen Tagen viel darüber nachgedacht, wie
sich der orientalische Mars am sichersten localisiren ließe. Da
entsprang mir, wie Aphrodite aus dem Meerschaumkopfe des
Zeus, ein Gedanke: Die Russen ziehen bekanntlich die
Unschlittkerzen allen andern Delicatessen vor. Nun müßte
ihnen begreiflich gemacht werden, daß man in Deutschland nur

noch Stearinlichte brennt. Ich glaube, dies wäre ein Mittel, die Russen fernzuhalten.

Ich laffe nun eine Schlacht folgen, welche ohne Zweifel etwas machen wird. Ich habe sie nach einer gewiß achtungswerthen Quelle, nämlich nach dem bekannten Gedicht unseres geliebten Schiller, „Die Schlacht", bearbeitet. Etwas Vorschuß könnte mir ferner gleichfalls nicht schaden. Und somit wünsche ich Ihnen zu den Pfingstfeiertagen einen recht trockenen Jupiter Pluvius.

*

*

Mukhaestate, den 11. Mai.

W. Das war ein blutiger Tag! Mit dem erften Hahnenschrei des Sonnengottes verfügte ich mich auf das zu erwartende Feld der Ehre. Es mochte sechs Uhr sein, als mir ein Blick meiner Cyklopenaugen durch das Fernrohr das Nahen der ruffischen Armee unter General-Lieutenant Oklobfchis verrieth. Der Genannte ift ein Mann, der seit 25 Jahren auf allen Schlachtfeldern zu siegen oder zu sterben mußte. Durch die grüne Ebne schwankte, wie eine Wetterwolke, wahrlich nicht leicht, aber dumpfig, der Marsch. Da jagt, vorüber an hohlen Todtengesichtern, der Major die Front nieder. Halt! tönte das ftarre Commando. Da ftand die Front lautlos. Aber nicht lange. Es begann das Feuer. Die Kugeln fielen wie die Fliegen. Die Stellung der Türken auf den Höhen von Khatzubani schien uneinnehmbar. Der Höchstcommandirende derselben, dem beide Beine abgeschossen waren, ftand mit einem Fuß im Grabe, aber er wankte nicht. Nah umarmen die Heere sich. „Gott befohlen, Brüder!" hörte man rufen, „in einer andern Welt wieder!" Da stürmten die Russen hinauf, die Türken hinunter. Es folgte ein mehrstündiges Gemenge der Hand. Hierher, dorthin schwankt die Schlacht. Atropos, die unerbittlichste der sieben Weisen Griechenlands, schnitt tausend Ariadnefäden entzwei. Da sank der Demimond der Türken in den Staub, und die Russen waren Sieger. Der Verlust auf beiden Seiten schwankt zwischen acht Mann und Unzähligen. Ich selbst verlor zwei Bleistifte, begebe mich aber auf das Stantepedeste in die nächste Schlacht.

Während des Kampfes war ich Augen- und Ohrenzeuge einer rührenden Scene. Ein Türke war verwundet. „Und auch Du, Franz?" fragte ihn ein Russe. Der Türke antwortete: „Grüße mein Lottchen, Freund!" Und der Russe versprach es ihm. So sicher sind die Russen, nach Constantinopel zu kommen!

III.

Herrn Wippchen in Bernau.

Ihr werthes Gemetzel vom 20. ist uns richtig geworden. Wir konnten aber keinen Gebrauch davon machen, da es viel zu klein war. Wie wir Ihnen schrieben, wollten wir am Pfingstmontag ein Extrablatt vom Kriegsschauplatz herausgeben, jedoch sahen wir wohl ein, daß die Dienstmänner mit dem unbedeutenden Zusammenstoß, welchen Sie uns geschickt hatten, nichts machen konnten: sie hätten sich die Kehlen umsonst heiser geschrien und höchstens ¼ Rieß abgesetzt. War das ein Ereigniß für zehn Pfennige? Da es nun am Pfingstmontage regnete, so wäre wohl selbst mit einer Entscheidungsschlacht nicht viel zu machen gewesen, immerhin aber konnten Sie schärfer in's Zeug gehen, den Donauübergang bewerkstelligen, etliche türkische Regimenter aufreiben, oder auf andere Weise Ihren guten Willen zeigen. Sie haben also viel nachzuholen.

Noch eins. Können Sie sich denn Ihre ewigen mythologischen Bilder nicht abgewöhnen? Sie gelingen Ihnen nicht immer. In Ihrem jüngsten, ungedruckt gebliebenen Gemetzel sprachen Sie von dem Vertauschen des Diesseits mit einem besseren Acheron und von dem Cerberus, der seine eigenen Kinder verschlingt. Aber Herr Wippchen!

Ergebenst

Die Redaktion.

*

Bernau, 30. Mai 1877.

Sie sagen das wohl. Aber wenn Sie in meiner Stelle wären, so würden Sie es wahrlich nicht anders machen. Es hieße, mein Pulver mit dem Bade zu früh verschießen, wollte ich gleich im Anfang nur Riesenschlachten schicken. Man muß aber nicht mit der Pforte (sic!) in's Haus fallen. Da ich nicht weiß, wie lange sich der gegenwärtige Mars hinzieht, — wer kann wohl sagen, wann die Friedenspalme unterzeichnet wird! — so bin ich entschlossen, meine Schlachten nicht wie die Pferdebahnwagen hinter einander folgen zu lassen, sondern die Pausen durch Gräuel, Treffen, Ueberfälle und halbstarke Schlachten, in welchen einmal die Russen den Kürzeren, das andere Mal den Längeren ziehen, auszufüllen. Paßt Ihnen dies nicht, so machen Sie aus Ihrer Meinung keine Mördergrube, sondern schreiben es mir mit Ihrem nächsten Vorschuß von 30 Mark.

Denn ich befinde mich gegenüber dem vis-à-vis de rien. Nachdem ich das letzte Gemetzel in den Postkasten gesteckt hatte, machte ich, weil Pfingsten war, eine kleine Villeggiatour in die Umgegend, wo aber ein derartiges Regengestöber stattfand, daß ich bis auf die Haut naß wurde und mich furchtbar erkältet

habe. Mir ist, als hätte ich ein Medusenhaupt an meinem
Busen genährt, und ich muß deshalb Hekatomben von Glüh-
wein trinken, um wie der Riese Antäus mit meinen thönernen
Füßen wieder auf die Beine zu kommen.

Aus diesem Grunde niese ich fortwährend, und meine
freundlichen Wirthsleute schreien eben so oft „Gesundheit, Herr
Doctor!" Ein Höllenlärm, der so recht zu der gerade unter
meiner Feder befindlichen Zerstörung eines Monitors paßt, die
ich Ihnen einliegend sende. Das Ereigniß ist wieder nach einer
gewiß hervorragenden Quelle, nämlich nach Schillers
unüberwindlicher Flotte, bearbeitet.

Was meine Mythologie betrifft, so verbitte ich mir die
Kritik. Jeder fege vor seinem Olymp!

*   *

Matschin, den 26. Mai 1877.

W. Andauernd erzittert die Luft weithin von dem
Schicksal des größten türkischen Monitors.

Noch graute der Hahn nicht, als ich mir Morpheus'
Arme gewaltsam aus den Augen rieb und an die Küste
stürzte. Denn es war mir aus dem Hauptquartier unter den
strengsten vier Augen mitgetheilt worden, daß die russischen
Marineoffiziere Dubaschoff und Schestakoff gegen einen
türkischen Monitor einen Torpedo im Schilde führten.

Jetzt sollte dieser Schild zur That werden. Es war
3 Uhr.

Vorsicht ist die Mutter der Gracchen, aber nicht der Kriegsberichterstatter. Ich ging nahe an's Ufer heran. Vor mir lag der Canal von Matschin.

„Sie kommt — sie kommt!“ hieß es ringsum. Wann? fragte ich. „Des Mittags,“ fuhr man fort. Aber man hatte sich geirrt. Sie kommt des Morgens, jetzt, diesen Augenblick kommt sie, die stolze türkische Flotte. Voran ein Monitor, welcher Lutfi Djelil hieß. Ich hörte deutlich das Weltmeer unter ihr wimmern, unter diesem schwimmenden Heer furchtbarer Citadellen, die man unüberwindlich nennt. Nie sah der Ocean ihresgleichen.

Da standen mir die Haare am Berge.

Währenddeß war die mit Torpedos bewaffnete rumänische Schaluppe Rundunika bereit, auf den Monitor zuzufahren.

„Lebt wohl!“ rief ich in mir den beiden Officieren zu. Mir war, als sollte ich zweimal Hectors Abschied von ihnen nehmen, als seien sie vom Schicksal auserkoren, für ihre Kühnheit in Charons Nachen zu beißen.

Da blies Gott, der Allmächtige, und in demselben Augenblick flog der Monitor nach allen Winden in die Luft. Von der Schaluppe aus war ein Torpedo explodirt, und wie im Halsumdrehen war das entsetzliche Glück geschehen.

Die beiden Officiere kehrten wohlbehalten zurück. Der Monitor war bis zur Unkenntlichkeit versunken, und der Neptun hatte sich mit seinem Dreizack über ihm geschlossen. Bis auf ein fortwährendes Bombardement von allen Schiffen, das Wuthgeheul des Sturms, das Hurrahgeschrei der Russen und das Wehklagen der Türken war Alles still ringsum.

Die Türkei wird allerdings ein neues Panzerschiff bauen lassen, denn sie hat Geld wie Heu am Meere, und im Kriege wird gewiß kein Krösus gespart. Aber der Schlag ist doch ein empfindlicher und wird sich schwer verwinden lassen.

Um von mir zu sprechen: ich bin noch ganz betäubt von der Explosion und muß die platte Erde hüten, auf die ich mich niederwarf. Ach, und so weit das Auge reicht, kein Aeskulap, der meiner Nervenhydra die Köpfe abhackt!

IV.

Herrn Wippchen in Bernau.

Wir bedauern sehr, wieder und immer wieder über die Art, wie Sie uns in dem gegenwärtigen Kriege bedienen, Klage führen zu müssen. Seit Ihrer werthen Monitorsprengung haben Sie nichts von sich hören lassen, als eine einzige Postkarte mit den Worten: „Halten Sie mir $1^1/_2$ Spalten offen, da ich heute Abend eine überaus blutige Schlacht ab= schicken werde." Aber was nicht kam, das war die in Aussicht gestellte Schlacht, und so mußten wir denn, um nur den Raum zu füllen, über Hals und Kopf eine Ausgrabung in Olympia, die gar nicht stattgefunden hat, aus der Luft greifen. Die Folgen sind nicht ausgeblieben. Gestern frägt ein Pro= fessor bei uns an, was denn das eigentlich für eine Nase der einzigen bis jetzt gefundenen Nike wäre, die ja ganz bei Nase gewesen sei und doch unmöglich zwei Nasen gehabt haben könne, und wir möchten doch die Welt nicht so leichtsinnig nasführen. Alles das verdanken wir nur Ihnen, und schlecht belohnen Sie unser Vertrauen, mit dem wir den Orient in Ihre werthen Hände legten. Wir haben dem Publikum weniger Schlachten geliefert, als irgend ein anderes Blatt, nicht mehr als etwa die „Friseur=

Zeitung", die doch gewiß keinen eigenen Redakteur mobil gemacht hat.

Dazu kommt noch, daß die saure Gurke schwer auf uns lastet und daher wenig passirt. Zwar klammern wir uns noch an die Heuschrecken und Gnitzen, und Hasenclever und Pius sind immer noch ganz nette Lückenbüßer, aber ewig kann das nicht dauern, und es wäre unverantwortlich, wollten wir den orientalischen Krieg links liegen lassen.

Sie werden dies einsehen, Herr Wippchen, und uns baldthunlichst mit einer großen Schlacht oder dergleichen unter die Arme greifen. Dann erhalten Sie sofort den erbetenen Vorschuß.

Ergebenst

Die Redaktion.

*

Bernau, 14. Juni 1877.

Ich kann auf Ihre ergebene Zuschrift vom 12. Juni dieses Monats nur erwidern, daß Sie meine Stellung völlig verkennen. Ebenso nolens, als volens soll ich eine Schlacht nach der andern schlagen und mithin Gefahr laufen, eines schönen Tages vor Constantinopel zu stehen, während die Russen noch gar nicht daran denken, ja vielleicht nach einer verlorenen Schlacht Fersenrubel geben, um das Weiteste zu suchen. Lernte ich also Mores, wenn Sie es mich lehren, und ich würfe, in Fortunen's Bockshorn gejagt, sofort eine

Schlacht auf's Papier, so könnten Sie leicht zu spät einsehen, daß wir einen Faux pas zu weit gegangen sind.
Besonders in diesem Augenblick darf ich keine Schlacht in's
Blaue hineinschreiben, denn man zischelt sich allerlei Friedens-
palmen, oder doch einen Waffenstillstand in die Ohren. Den
Russen lächelt allerdings jetzt das Schwein, wie aber, wenn
ihnen der eiserne Würfel den Rücken kehrt? Ohne Zweifel
würden sie dann die Gelegenheit bei der Stirnlocke ergreifen,
um mit heiler Gänsehaut davonzukommen.

Es ist also nicht etwa Trägheit, was ich nicht thue.
Ich strecke mich nur nach der Bärenhaut. Dienst- und
opferfertig, wie ich bin, würde ich dem Hercules den
Stieler'schen Atlas tragen helfen und einem Pelikan die Brust
aufschlitzen, um meine Kinder zu sättigen. Aber in meiner
Eigenschaft als Kriegsschauplatzer kenne ich meine Oblügen-
heiten, und da darf mir kein fremder Kukuk ein Ei in mein
Nest legen und behaupten, er reiche mir das Wasser. Geschieht
es, so kann mich dies zum Roland bringen, und ich möchte
vor Wuth aus dem Ossa fahren und mich auf den Pelion
stülpen. Verzeihen Sie die Heftigkeit meiner Sprache, aber
sagen Sie selbst: Kann ich ein Kornfeld aus der flachen
Hand stampfen?

Aproposito: flache Hand, so bitte ich um die Vorschußsendung mit umgehendstem Courirzug.

Einliegend der Donauübergang. Er hat mir viele Mühe
gemacht. Erst hatte ich ihn nach dem Durchzug der Juden
Israels durch's rothe Meer gearbeitet, aber die Brücken wollten

mir durchaus nicht paſſen. So griff ich ihn denn aus dem
Steg. Glauben Sie, daß er nicht zu früh iſt, ſo drucken
Sie ihn gleich. Ich ſchreibe aus Kalafat. Klingt Giorgewo
beſſer, ſo nehmen Sie Giorgewo. Eigenſinn liegt mir ferne.

＊　　　　　　＊

Kalafat, 10. Juni.

W. Endlich iſt es geſchehen! Schütteln Sie nicht
ungläubig Ihren Thomas. Was Rußland wochenlang in
ſchwebender Pein langte und bangte, iſt gelungen: die Donau
des Rubikons iſt überſchritten, und unaufhaltſam vollziehen ſich
die fata libelli der Türkei. Ich will verſuchen, die Ereigniſſe
des heutigen Tages wiederzugeben.

Vergeblich ſuchte ich den Schlaf des Gerechten auf den
harten Federn des Fußbodens, als ich den Zapfen ſtreichen
hörte. Wer dachte da noch an Morpheus? Wie ein Blitz
aus heiteren Wolken ſprang ich in meine Beinkleider, warf
mich in die Stiefel und eilte dahin, wohin mich die Tafeln
der Geſchichte riefen. Bald hörte ich die Kanonen von Ruſt-
ſchuk auf mich herniedergähnen, während die Ruſſiſchen Heeres-
ſäulen auf ihren kleinen Pferden heranmarſchirten. Die Geſchütze
auf beiden Ufern predigten bereits tauben Ohren, ich hatte
ihren Donner vorher nie ſo brüllen hören. Die Türken, nichts
Gutes ahnend, kämpften mit dem Muth der Verzweiflung,
der man die Jungen geraubt. Sie ſagten ſich: aut Rhodus,
aut ſalta! Aber ohne Erfolg. Mit unerſchütterlicher Ruhe
ſchlugen die Ruſſen ihre Pontons über die Nixen und Najaden,

welche noch vor einigen Tagen so bedenklich angeschwollen, nun aber gefallen waren. Dann wurde der Uebergang unternommen und gelang. Der Tod schwang seine Hippe, von deren Ufern kein Wanderer wiederkehrt, und die Zahl des einen russischen Todten ist eine sehr große. Ich entrann nur durch ein Wunder seiner gesenkten Fackel. Aber auch die Türken stiegen schaarenweise zu der stygischen Sanduhr nieder. Nach fünf Stunden war Alles vorbei, — die Russen standen im Herzen des Turbans, und weithin erschallte ihr „Heil Dir im Siegerczar!" Lassen Sie mich schließen, ich bin so müde, als hätte ich zehn Fässer mit Danaiden gefüllt.

———

V.

Herrn Wippchen in Bernau.

Drei Wochen sind seit Ihrem Uebergang der
Russen über die Donau verflossen, ohne daß Sie
sich herbeiließen, sich wieder mit den Ereignissen zu
beschäftigen. Für Sie scheint mit Ihrem Donauübergang, der seitdem zum Glück wirklich stattgefunden
hat, der orientalische Krieg sein Ende erreicht zu
haben, während er nach unserem Dafürhalten damit
erst in Fluß gekommen ist. Ihre irrthümliche
Anschauung hat leider die natürliche Folge, daß Sie
die für falsche Nachrichten günstigste Zeit unbenutzt
verstreichen lassen. Dies ist unerhört und schadet
Ihrem Ruf empfindlich. Jetzt, wo die Verwirrung
auf dem Kriegsschauplatz so groß ist, daß keine
der feindlichen Armeen weiß, ob sie siegt oder flieht,
ob sie sich auf dem Vor- oder auf dem Rückmarsch
befindet, jetzt, wo die Russen am Tage nach der
Schlacht den Türken mittheilen, wie es diesen bei
dieser Gelegenheit ergangen ist, jetzt scheint uns
für Sie die Zeit gekommen zu sein, das Beste zu
leisten. Statt dessen warten wir umsonst auf irgend
ein Bombardement, obschon Ihnen Rustschuk und
Silistria zur Verfügung stehen, und lassen Sie

sich die Dobrudscha ganz aus der Nase gehen. Sie scheinen nicht einmal das dort herauskommende „Niederbarnimer Kreisblatt" zu lesen, und das wäre denn doch das Wenigste, was wir von einem gut= dotirten Kriegscorrespondenten verlangen können!

Obenein berichtet uns ein dortiger Freund, Sie seien in den letzten 14 Tagen nur selten in Bernau gewesen, sondern hielten sich viel auf dem Bahnhof von Freienwalde auf, wo die hübsche Kellnerin servirt. Ist dem so, so verkennen Sie allerdings Ihre Stellung: zum Erobern von Stationsmädchen brauchen wir keinen Kriegsberichterstatter!

Wir bitten Sie also recht sehr, sich schleunigst Ihrer Pflicht zu erinnern und uns einen Kampf von mindestens 30 Zeilen zukommen zu lassen. Geschieht dies nicht, widmen Sie sich mehr der Liebe, als dem orientalischen Krieg, so haben Sie sich die Folgen selber zuzuschreiben.

Ergebenst

Die Redaktion.

•

Bernau, 12. Juli 1877.

Ich habe mir eine Cholerado claro angezündet und ließ mir meinen Seidel mit schäumendem Gambrinus füllen. So hoffe ich den von Ihnen gekrümmten Wurm in mir vor einem gerechten Zornausbruch zu bewahren. Ich gebe gern zu, daß ich mich nach meinem jüngst ergebenen Donauübergang einem Dolce überließ, welches etwas zu farniente war. Aber es geschah dies wahrlich nicht in den Tag hinein. Mein Princip ist, das Publikum nicht zu übersättigen. Man kann des Rebhuhns auch zu viel thun. In der Beschränktheit zeigt sich erst der Meister, sagt der Dichter. Wohin kommen wir, wenn ich täglich mit Ausnahme der Montage eine Schlacht abschicke, ein Bombardement in die Druckerei sende? Ohne modus in rebus wäre ich unstreitig nicht der geeignete Mann für meine Aufgabe.

Gerne will ich eingestehen, daß ich zur Erholung von meiner Blutarbeit die Berichterstattung des Processes Tourville von hier aus für ein Holsteinisches Blatt übernommen und daher in diesen Tagen besonders stark in Anspruch genommen war. Es war recht schwer, in dieser hügellosen Gegend über das Stilsser Joch zu schreiben, um so schwerer, als ich parterre wohne, mir daher mit dem besten Willen keine Absturzstelle vorstellen konnte und doch als Theilnehmer an der Inspectionsfahrt gelten mußte. Nun aber, nach der Verurtheilung Tourvilles, die ich leider einen Tag zu früh gemeldet habe, kehre ich wieder gestärkt zu meinem Orient zurück.

Und Sie werfen mir ein Mädchen vor! Sie nehmen mir eine Kellnerin krumm! Wenn Sie mir, als Sie mich gewannen, gesagt hätten: „§ 1. Herr Wippchen verpflichtet sich, dem weiblichen Geschlecht nichts anderes als Valet zu sagen,“ so würde ich für keinen Midas der Welt die Stellung angenommen haben. Ich bin kein steinerner Don Juan,

gewiß nicht, und niemals im Leben habe ich mich vom Ewig-
weiblichen derart hinanziehen lassen, daß ich heute nicht sagen
könnte: „Ich blicke auf einen mäßig verlebten Casanova
zurück." Ganz aber kann ich das weibliche Herz nicht un-
gebrochen lassen, dann und wann drängt es auch den Kriegs-
correspondentesten, seine Hände auf das Haupt eines Mädchens
zu legen und das berühmte Heine'sche Gebet zu verrichten.
Und im vorliegenden Fall ist es noch dazu eine Bahnhofs-
kellnerin, ein Verhältniß also, welches absolut harmlos ist.
Jeden Augenblick kommt ein Zug, noch häufiger klingelt's
und pfeift's, und Passagiere, welche Kaffee und Spritzkuchen
heischen, drängen sich zwischen den Gürtel und den Schleier
meines süßen Geheimnisses, das Sie so rauh mit den Fasces
Alexanders durchhauen wollen.

Angebogen der Eintritt der Griechen in die Action.
Auf was sollen wir noch warten? Ich habe abermals
eine außerordentliche Quelle, nämlich Leonidas und die
Perser bei Thermopylä, benutzt, Sie sehen, ich scheue
keine Mühe, und wir könnten wie Kastor und Pollack
miteinander leben, wenn Sie mir blindlingser vertrauten.

Mein Mammon rerum ist wieder zu Ende. Bitte,
senden Sie mir umgehend 40 bis 30 Mark!

*   *

Larissa, den 10. Juli.

W. Ich rede mir nicht ein, die Pythia mit Löffeln
gegessen zu haben, aber das Erscheinen der Griechen auf dem

Kriegstheater hatte ich lange vorausgesehen. Schon das alte Griechenland rüttelte an dem Fuß, den ihm ein Tyrann auf den Nacken gesetzt hatte, und wollte ich alle die längst geflügelt gewordenen Helden namhaft machen, so würde der mir zu Gebote stehende Raum gewiß nicht ausreichen. In dem modernen Griechenland waren nun die kühnen Peloponnesier wieder wach geworden, und da stand nun die Armee von 80,000 schönen Hellenen, bereit, ihre Waffen für das Vaterland zu vergießen. Ich eilte näher. An einem Engpaß des Olympos, dessen Fuß den Golf von Saloniki bespült, kam es zum Kampf. Die Türken forderten den Griechen die Waffen ab, aber die lakonische Antwort lautete in der Ursprache: „Komm' und hole sie!“ und als nun ein Mann von Trachis den Hellenen sagte, die türkischen Kanonen würden die Sonne verfinstern, da riefen sie wie aus einer Zunge: „Desto besser, so werden wir im Schatten fechten!“ Gesagt, gethan. Der Kampf begann. Der Engpaß wurde tapfer vertheidigt. Leider hatte ein gewisser Ephialtes für schnöde Talente den Türken die Stellung der Hellenen verrathen. In Poseidons Fichtenhain, der von Kranichen wimmelte, sah ich Alles deutlich mit an. Viermal schlugen die im Engpaß stehenden Leonidasse die Türken zurück, dann aber unterlagen sie, den Geboten Lakedämons getreu. Die Andern traten den Rückzug an, verfolgt von den Türken. Der Tod erntete Alles nieder. Aber es ist damit noch nicht aller Dinge Abend. Die Griechen werden den Sieg der Türken nicht auf sich sitzen lassen. Sie glauben fest an ihren Sieg, — habent sua fata morgana!"

Als die Türken ein griechisches Grenzdorf stürmten, war ich Zeuge einer rührenden Scene. Aus einem brennenden Hause hörte ich ein Kind schreien. Ich trat ein, und das Kind rief mir Alpha! Alpha! entgegen. Ich verstand es. Dann brachte ich es in Sicherheit. Inmitten der Gräuel des Krieges ein Jdyll!

VI.

Herrn Wippchen in Bernau.

Vor etlichen Tagen waren Sie einmal wieder ganz und gar der alte Wippchen, deſſen Nachrichten uns ſo unſäglich viel Verlegenheiten bereiten. Sie kündigen uns Ihre Verlobung mit dem bereits erwähnten Stationsmädchen, oder, wie Sie ſich ausdrücken, mit der Jeanne d'Arc von Freienwalde, an und bitten um einen größeren Vorſchuß zum Zweck des Arrangements einer würdigen Verlobungsfeier. Wir ſenden Ihnen ein Gratulationstelegramm und den verlangten Vorſchuß. Kaum aber war Beides fort, ſo ſchreiben Sie uns wörtlich:

„Ich bin in der Lage, die Nachricht, daß ich beabſichtige, in den heiligen Gott Hymen zu treten, ja, daß ich mich bereits verlobt hätte, ihrem ganzen Inhalt nach zu dementiren. An dem ganzen verbreiteten Verlobungsring iſt auch nicht ein einziges Wörtchen wahr. Nach wie vor frei wie der Fiſch in der Luft, iſt es mir nicht einen Augenblick eingefallen, meinen Freiersfüßen den Rücken zu kehren, ich habe im Gegentheil dem betreffenden Mädchen niemals einen Floh in's Herz geſetzt, aus welchem ſie hätte die Hoffnung ſchöpfen können, daß ich geſonnen ſei,

ihr meinen Standesbeamten vor dem Altar zu reichen.
Hagestolz will ich den Spanier! Ohne Frau, wie
ich geboren wurde, will ich auch einst wieder in die
dunkle Sense fahren. Um dieses Ziel zu erreichen,
ist mir kein Korb zu hoch. Dies ist mein letztes
Dixi."

Wozu nun die vielen Worte? Sie brauchten
ja nur einfach zu sagen, daß Sie wieder einmal
eine Ente in die Welt gesetzt hatten. Daß Sie
dies aber auch hinsichtlich Ihrer Privatangelegen-
heiten thun, das ist unglaublich, wenn auch höchst
charakteristisch. Wir erwarten nunmehr wieder einen
Artikel, da Sie nach Ihrem, beiläufig bemerkt,
sehr voreiligen Bericht über das Eingreifen Griechenlands nichts von sich hören ließen.

Ergebenst

Die Redaktion.

*

Bernau, 26. Juli 1877.

Ihre geschätzten Vorwürfe habe ich so eben erhalten,
während ich damit beschäftigt war, eine größere Anzahl Grau-
samkeiten zu verfassen, mit welchen der Halbmond sein Gewissen
belastet. Ich habe sie so eingerichtet, daß sie durch den
Rothstift in russische verwandelt werden können, falls Ihnen
dies augenblicklich besser passen sollte. Ich mache Sie besonders auf die sechste Grausamkeit aufmerksam, auf welche

ich meiner Phantasie etwas zu gute thue. So wie es hier geschieht, hat wohl noch kein Kriegscorrespondent ein ganzes blühendes Dorf an unzähligen Ecken den Flammen überliefert, Kind und Kegel an der Mutter Brust auf Lanzen gespießt, unzählige Jungfrauen zu Paaren getrieben und sämmtlichen Männern und Weibern erbarmungslos den Rest ausgeblasen. Dem Leser werden bei der Lectüre die Gänsehäute zu Berge stehen, denn ich selbst ballte unwillkürlich die umflorten Augen, als ich meine Arbeit nochmals durchlas. Europa, rief ich aus, während ich mir knirschend eine neue Cigarre entbrannte, Europa, wie lange willst Du noch diese Scheusalkeiten ruhig mitansehen?

Und Sie! Sie sind außer Ihnen, weil meine Verlobung aus der Ente gegriffen war. Sie scheinen nicht zu bedenken, daß dies einem Mann sehr wohl passiren kann, der von Auroras Anbruch bis in die späte Luna hinein vor lauter Klio's Tafeln nicht zu Athem kommt und bald nicht mehr im Stande ist, seine eigenen Angelegenheiten von denen der Weltgeschichte zu unterscheiden. Man wird oft völlig mente cactus. Wenn Sie mir also meine Verlobung glaubten, so haben Sie sich dieselbe selbst zuzuschreiben. Es giebt nichts Antipoderes als ich und Hymens Fackel. Ich sagte Ihnen an irgend einer Stelle: „Bei Nacht sind alle Weiber grau," womit ich ausdrücken wollte, daß mir Alle ziemlich gleich sind. Ich fliege wohl von einer Blume zum andern Schmetterling, aber Amor wird doch stets seinen Köcher vergeblich schwingen. Im Gegentheil.

Um wieder auf unsere revenons zu kommen, so glaube ich, Ihnen mit den angebogenen Friedensverhandlungen willkommen zu sein. Ich pflege dies in jedem Kriege so zu halten: einige Zeit nach dem Beginn desselben tauche ich Friedensgerüchte auf, und Sie wissen ja: ursus est tyrannus!

Vom Vorschuß schweige ich heute. Aber ich bitte Sie, mir umgehend einen solchen zu senden.

* *

Adrianopel, 23. Juli.

W. Nach dem von den Russen über den vielgenannten Balkan wie ein Lauffeuer bewerkstelligten Uebergang, welcher mir heute noch wie ein Traum klingt, bin ich hierher geeilt, um mich von den Strapazen, welche meinen Lebensfaden zu durchschneiden drohen, zu erholen. Welch ein Krieg! Unaufhaltsam scheinen die Russen auf ihren thönernen Füßen zu den Moscheen und Propheten der türkischen Hauptstadt vorzudringen, während die Türken gezwungen scheinen, zur äußersten grünen Fahne zu greifen und so das Zeichen zum allgemeinen Glaubensmars zu geben. Dann würde freilich das Gemetzel in einen schrecklichen Gorillakrieg ausarten und sowohl ein Tohu, als auch ein Bohu entstehen, das zu schildern schon jetzt das Papier sich sträubt. Dahin wird es aber voraussichtlich nicht kommen. Denn soeben macht eine Friedenstaube aus bester Quelle die Runde durch die Stadt. Ich kenne den Wortlaut dieser Friedenstaube noch nicht, indeß weiß ich bestimmt, daß der Czar Befehl gegeben hat, keine

Kanone mehr in die Festungen zu werfen und von keinen Truppen weiter die Balkanpässe visiren zu lassen. In den Bazaren stecken die Bürger ihre Nargilehs zusammen, und es herrscht überall die haschischste Stimmung. Eben tönt es von der Straße herauf: Vive Islampereur! Es lebe Allah il Allah! Schaaren von Eunuchen ziehen vorüber und werfen mit Selämmern. Die Börse ist fest.

So ist denn der Ausbruch des Friedens mit einiger Sicherheit zu erwarten. Es war auch die höchste Zeit. Das Elend spottet jeder bisher dagewesenen Beschreibung. Heute Morgen sprach ich mit meinem Wirth, welcher den Krieg mitgemacht hat. Wie war der zugerichtet! Kosaken hatten ihm seine einzige Nase abgeschnitten und waren damit fortgeritten. Der Staat ließ ihm eine metallene machen. „Erlauben Sie mir eine Frage?" fragte ich.

„Reden Sie," sagte er, „ich bin ganz Ohr." (Nebenbei bemerkt, waren ihm auch beide Ohren abgesäbelt.)

„Eine Metallnase und säße sie noch so fest," bemerkte ich, „muß doch recht unbequem sein. Wie putzen Sie sie z. B.?"

„Mit Putzpulver!" erwiderte er.

Ich schwieg. Mich überlief's brühkalt. O über die Russen!

VII.

Herrn Wippchen in Bernau.

Zu unserem aufrichtigen Bedauern haben wir uns genöthigt gesehen, Ihren jüngsten Bericht in den Papierkorb zu werfen. Sie wissen, daß wir der Geduld unseres verehrten Leserkreises Vieles zumuthen und demselben oft das Stärkste vorlegen. Wenn das Gebotene amüsant und halbwegs glaubwürdig ist, so sind wir nicht wählerisch. Ihr jüngster Bericht aber hat dieser Voraussetzung kaum zur Hälfte genügt. Sie schildern die Schlacht bei Plewna in lebhaften Farben. Vortrefflich. Dann aber lassen Sie die Russen nicht nur über den Balkan, sondern auch über die Alpen zurückgehen, als hätten die Russen sich plötzlich entschlossen, sämmtliche europäische Gebirgsketten zu überschreiten. Wir wissen mit dem besten Willen nicht, wie Sie zu solchen halb wahnsinnigen Unternehmungen die Hand bieten können. Ihre Absicht, stets mehr als andere Kriegsberichterstatter thun zu wollen, mag ja löblich sein, führt Sie indeß auf Abwege; wir aber können Sie darin nur mit Gefahr unseres Abonnentenstamms unterstützen. Dazu nun haben wir absolut keine Lust.

Auch Ihre letzte Depesche, nach welcher die Finanzlage der Türkei eine derart schlechte sei, daß

der Sultan befohlen habe, den Paschas, welche eine
Schlacht verlieren, fortan eine baumwollene an Stelle
der seidenen Schnur zuzuschicken, ließen wir lieber
ungedruckt. Abgesehen von Allem, so erblickten wir
in dieser Nachricht eine Gegnerschaft, welche uns
veranlaßt, Sie zu bitten, uns endlich doch einmal
zu sagen, wie Sie eigentlich gesinnt sind. Dann erhalten Sie auch den verlangten Vorschuß.

Ergebenst

Die Redaktion.

*

Bernau, 8. August 1877.

Es gehört meine ganze, mir wahrlich nicht an der
Amme vorgesungene Seelenruhe dazu, nicht das Unterste zum
Obersten zu ernennen, wenn ich einen Brief wie Ihren jüngsten
erbreche. Oh! Wer oht da? Ich glaube, ich war es selbst.
Sie werfen mir also, mir nichts, Ihnen nichts, meine Alpen
in den Papierkorb, den ich Ihnen doch noch höher hängen
muß, und ersticken dadurch eine meiner besten Ideen in der
Geburt. Ich habe nicht nur die Alpen, sondern auch noch
andere Höhenzüge lange in mir herumgetragen und wollte
nun, da sich eine passende Gelegenheit bot, die Russen über
alle diese Berge zurückgehen lassen, um eben zu beweisen,
daß die Russen über alle Berge sind. Zu unlustig — entschuldigen
Sie dieses herbe Wort! — dem Fluge meiner Phantasie
auf Schritt und Tritt zu folgen, erschießen Sie mir meinen

Pegasus unter dem Leibe, als hätten Sie eine Trichine vor sich, und rümpfen hinterdrein mitleidig die Achseln. Wahrlich, das schlägt dem Rabbi Akiba den Boden aus!

Wie ich gesinnt bin? Ich dachte, Sie hätten es bereits die längste Zeit gemerkt. Wie die Krebse bin ich in den Monaten mit r ein vollblütiger Türke, in den übrigen bin ich russisch gesinnt. So stehe ich zwischen zwei Fliegen mit einer Klappe, ein Rhodus in der Mitte beider Colosse, ohne mir irgend wie zu nahe zu treten. Ich denke, daß ich solchergestalt allen Ihren Lesern gerecht werde und so recht eigentlich den Apfel des Paris abgeschossen habe.

Ich gehe damit um, mir demnächst für meine Berichte einen Ehrensäbel von russischen oder türkischen Studenten überreichen zu lassen. Wie denken Sie darüber? Sagen Sie es mir mit wendender Vorschußsendung. Angebogen den Marsch der Türken auf St. Petersburg.

*

*

Zarewitza, 6. August.

W. Die Hoffnung, daß die Russen nach der Völkerschlacht bei Plewna einen modus effendi finden würden, um einen Frieden mit den Türken zu schließen, hat sich gestern Nachmittag gegen 4 Uhr nicht verwirklicht. Es war acht Stunden vor Mitternacht. Der Kaiser Alexander hatte sein Hauptquartier verlegt und konnte es nicht wiederfinden. Endlich traf er hier ein. Ich war gerade auf der Straße, als der Kaiser unter meinem Fenster vorüberzog. Er brütete

auf seinem prächtigen Pferde, achtete nicht auf meinen ge-
zogenen Hut und dachte über den jähen Wechsel der Fortuna
nach, deren Füllhorn sich noch vor wenigen Wochen in seine
Fußstapfen ausgeschüttet hatte. Welch ein Bild! Der mächtige
Czar, in dessen Reich weder Sonne noch Mond unterging,
plötzlich auf der Flucht vor der hart auf seinen Hacken wehenden
Fahne des grünen Propheten! Er, der gestern noch glaubte,
seine Rosse im Halbmond tränken zu können, heute sah er
sich umsonst nach einem Abraham um, in dessen Schooß er
sein gerunzeltes Haupt legen könne! Wem fiel bei diesem
Anblick nicht das Miserere! Miserere! aus dem „Trouba-
dour" ein? Mir wahrlich nicht.

So ging es fort. Das Hauptquartier wurde fortwährend
weiter verlegt. Uebermorgen wird es vielleicht in Frateschti
sein. Wo morgen? Sechs Stunden später zogen die sieges-
trunkenen Türken mit fliegenden Fahnen ein und wieder aus,
den Russen nach, unterwegs Alles niedermachend, was nicht
niet- und nagelfest war. Ich entging dem Gemetzel mit
knappem blauem Auge. Ueberall, wo die Türken passirten,
bezeichneten ·abgeschnittene und zweifellos leblose feindliche
Köpfe, welche ihnen in die Hände gefallen waren, den furchtbaren Siegeszug. Direct in das Herz Rußlands hinein!
Meinen nächsten Brief empfangen Sie mit russischer Frei-
marke. Wir stehen entschieden vor der Kehrseite der Medaille.

VIII.

Herrn Wippchen in Bernau.

Nachdem Sie zur Ausführung einer, wie Sie sie nannten, colossalen Idee einen größeren Vorschuß verlangt und empfangen hatten, blieben wir ohne jegliche Nachricht von Ihnen, so daß wir genöthigt waren, aus anderen Journalen Mittheilungen vom Kriegstheater zu entnehmen. Das ist für eine Redaktion, welche keine Kosten scheut, um Originalberichte zu bringen, gewiß eine höchst schmerzliche Aufgabe. So sehnen wir uns denn nach Frieden, nur um uns nicht länger durch Sie in eine Lage versetzt zu sehen, welche nachgerade unerträglich wird.

Zu spät sehen wir ein, daß es falsch war, Ihnen den größeren Vorschuß zu gewähren, bevor Sie uns Näheres über ihr Vorhaben, das Sie als ein sensationelles bezeichneten, mitgetheilt, und, durch Schaden klug, werden wir auch künftig vorsichtiger sein. Wir hoffen indeß, daß Sie niemals wieder mit Plänen sich beschäftigen werden, deren Realisirung Sie von der Ausführung Ihrer übernommenen Pflichten zurückhält. Im anderen Fall müssen wir ohne Weiteres eine rasche Aenderung in unseren Dispositionen eintreten lassen.

Vorläufig sind wir indeß nur neugierig, von Ihnen zu erfahren, was Sie unternehmen wollten, oder unternommen haben, und wir bitten Sie um Aufklärung, und sei dies auch nur, weil wir ein Recht zu haben glauben, von Ihnen zu hören, weshalb Sie uns wochenlang ohne eine einzige Schlacht lassen.

In Erwartung umgehender Nachrichten
ergebenst
Die Redaktion.

*

Bernau, 23. August 1877.

Irrt Schiller nicht, so sagt er an irgend einer Stelle:

„Es liebt die Welt, zu strafen und zu rächen
Und das Erhab'ne in den Staub zu zieh'n."

Diese anscheinend so einfache Strophe ist mein Trost, wenn ich Ihre werthen Briefe zwischen meinen Fingern zerknittere und hoffnungslos meinen Unstern frage, warum gerade ich unter ihm geboren werde mußte. Gelobt sei Dank, ich gehöre nicht zu jenen Unglücklichen, welche bei jeder Gelegenheit in die Saiten des Pegasusses greifen und stundenlang Schmerzensschreie singen, sonst läge ich gewiß schon tief, tief unter dem Schooß der Mutter Erde, und nur ein kalter Marmor kündete der einsamen Nachwelt an, daß ich einst gewesen. Ich bestreite dies. Mein heiteres Temperament schützt mich gegen das Wandeln unter ungestraften Palmen. Und so will ich Ihnen denn so lapidar, wie es mir die Kürze der Zeit gestattet, sagen, was ich beabsichtigte.

In Dresden, dem Eldorado Sachsens, sollte der zwölfte deutsche Journalistentag anbrechen. Von Nah und Süd eilten die Federn herbei, um sich persönlich anzunähern und die Interessen Ihres verfehlten Standes zu wahren. Der politische Redakteur, der keinen Leitartikel ungeschrieben läßt, der Reporter, der seine Scheere unabläſſig in die Dinte taucht, um das Publikum auf dem Laufenden zu halten, der Feuilletonist, welcher unter dem Strich dichtet, kurz, alle Spalten sollten vertreten sein. Da durfte ich nicht fehlend angetroffen werden. Und als ich nun gar hörte, der Journalistentag würde auf Pferden und Tragseſſeln die sächsische Schweiz erklimmen, da war es mir, als sollte ich keine zehn Pferde mehr halten, denn nichts geht mir über Berge. O, wie liebe ich diese Schauer der mit ewigen Gemsen bedeckten Schluchten, diese in den Gletscher hineinragenden Felsen, den hohen Meeresspiegel! Verzeihen Sie den Ueberschwang meiner Gefühle! Gewiß nicht.

Und was ich auf dem Journalistentag wollte? Eine Rede, die ich bereits zu Papier gebracht, wollte ich aus dem Stegereif schütteln. Ich wollte wetteifern gegen die eingeriſſene Unsitte der Journale, Berichte vom Kriegsschauplatz von Correspondenten zu bringen, welche nicht Augen- und Ohrenzeugen der Ereigniſſe sind. Es ist dies unverantwortlich, es entsteht hieraus ein Irreleiten der Journalzirkel, welches bald den Glauben an die Gewiſſenhaftigkeit der Blätter um jeden Credit bringen muß. Zwar sagt ein Sprüchwort: Die

Enten haben kurze Beine. Aber es muß hier doch Wandel
geschafft werden. Und mit den Worten wollte ich schließen:
Wer sich frei von Schuld fühlt, der werfe mich auf den ersten
Stein! Das hätte gewirkt! Ich weiß, Sie werden mich
einen alten Ego nennen. Beruhigen Sie sich, ich habe meinen
Schlupfwinkel nicht gelüftet, ich bin nicht in Dresden gewesen.
Aber noch ist nicht aller Journalistentage Abend, und ich
werde meine Rede nicht in den Wind geschrieben haben. Und
nun wissen Sie auch, wozu ich das Geld brauchte. Reisen
kostet Geld. Ich am allerwenigsten besitze den Zaubermantel,
der ohne Mittel in der Tasche auf den Schienen des Coupés
dahinrollt. Kein Wort mehr. Es hieße Oel in den Zankapfel
gießen, den ich vermeiden möchte.

Ich sende Ihnen umstehend die vierte Schlacht bei
Plewna, das sich, nebenbei gesagt, mit einem Pfau schreibt.
Wie ich die Stimmung des Publikums kenne, vermögen die
Russen nicht genug zu unterliegen. Hier gilt es, energisch vor-
zugehen!

Plewna, 19. August.

W. Den größten Fehler, welchen man als Armee machen
kann, ist das Unterschätzen des Gegners. Die Russen haben
diesen Fehler nicht ungemacht gelassen. Der Halbmond hat
sein Xerxesheer auf 150,000 kranke Männer gebracht, von
denen der Czar glaubte, er könne sie in zwei Schlangen
verwandeln und sie wie Hercules in der Wiege er-

würgen. Nur zu spät sieht er ein, daß nicht Alles, was glänzt, Hercules ist, und abermals hat ihm das Kriegsglück den Rücken braun und blau gekehrt.

Diesen Morgen schlug die Uhr keinem Glücklichen vier, als abermals die Russen einen Angriff versuchten. Kanonen- und Trommelwirbel schreckten mich auf, nachdem ich kaum ein Stündchen den Schlaf vergeblich gesucht hatte. Als ich auf dem Felde der Ehre anlangte, stürmten eben die Russen gegen das Centrum der von Osman Pascha kommandirten Türken, welche, durch die Erfolge in den bisherigen drei Schlachten bei Plevna sicher gemacht, muthig Stand hielten, obschon sie janit- schaarenweis niedergeschmettert wurden. Dreimal wurden die Russen zurückgeworfen, worauf sie um Waffenruhe baten, um ihren einen Todten standesgemäß begraben zu können. Der Verlust der Türken ist gleichfalls sehr groß; ich kann wohl sagen, daß ich wie Fliegen, um nicht zu sagen: wie Grummet die Glieder der Türken mähen sah. Daß ich, als ich diese Opfer sah, nicht in Ohnmacht fiel, war das Werk eines Augenblicks. Jetzt, wo ich meinen Brief zur Post bringe, wird die Flucht der Russen wild. Morgen berichte ich Ihnen über die fünfte Schlacht bei Plevna, übermorgen über die sechste. Ja, ja, Rußland, es geht heute anders zu als damals, da Pfeffel seine Tabakspfeife dichtete!

IX.

Herrn Wippchen in Bernau.

Sie sind ein überaus unruhiger Mitarbeiter und haben bereits unsere sämmtlichen Redakteure nervös gemacht. Kommt ein Brief von Ihnen, so weigern sich schon sämmtliche Herren, ihn zu öffnen, denn sie sind überzeugt, daß der Umschlag Alles enthält, nur keine Entscheidungsschlacht. Und dies ärgert sie natürlich. Denn nun haben sie im letzten Augenblick den Ihnen auf der ersten Seite des Blattes angewiesenen Raum mit einem Leitartikel zu füllen, und nicht immer ist ein Ereigniß, wie die Beerdigung Thiers', vorhanden, über welches sich mehrere Tage hintereinander leitartikeln läßt. So enthielten denn auch Ihre letzten Briefe nur Klagen über die Schwere Ihrer Pflichten und über die Masse Ihrer Arbeit, beweisen aber nicht, daß Sie sich Ihrer Pflichten entledigen, oder sich mit irgend einer Arbeit beschäftigen. Dagegen schildern Sie uns die Nothwendigkeit einer Erholungsreise für Sie und bringen darauf, daß wir Ihnen zu einer solchen einen Urlaub und Diäten bewilligen. Es versteht sich wohl von selbst, daß wir uns auf derartige Anforderungen nicht einlassen. Dagegen erinnern wir Sie hiemit bringend daran, daß wir das Recht haben, eine Schlacht, auf welche unsere Leser mit Schmerzen warten, von Ihnen zu fordern.

Was hiemit geschieht

ergebenst

Die Redaktion.

✿

Bernau, 13. September 1877.

Fassung, Wippchen, Fassung!

Lange ringelte mein Herz vergeblich danach, bis es sie gewann. Mein erster Gedanke war Vendetta! Vendetta, sagte ich mir, ist süß, ich wollte mich in die Spalten eines anderen Blattes stürzen, oder, um deutlicher zu sein, mich seitwärts in die Büsche einer anderen Stellung schlagen. Erst nach schwerem Kampf brachte ich den an mir nagenden Wurm zum Schweigen. Es war der Kampf mit dem Drachen, den ich wahrlich nicht zum zweiten Mal steigen lassen möchte!

Fassung, Wippchen, Fassung!

Seit ich in meiner frühesten Jugend geboren wurde, bin ich verdammt, meine Freiheit unter das Joch anderer Menschen zu beugen. Stürme ich, ein Titan, den Himmel, so kommt irgend ein beliebiger Jupiter und zeigt mir, wo der Zimmermann den Tartarus gelassen hat. Habe ich ein Müthchen, so kühlt es mir ein Unberufener, habe ich ein Hühnchen, so pflückt es Jemand mit mir, den die Sache garnichts angeht.

Fassung, Wippchen, Fassung!

Man möchte verzweifeln! Anstatt meinen Wünschen
Rechnung zu tragen, machen Sie mir und zwar ohne Wirth
einen Strich durch dieselbe. Ich muß eine Reise machen, weil
dieser Krieg meine Nerven auf den Kopf gestellt hat, da,
während mir der Baedeker auf den Nägeln brennt, da ver-
weigern Sie mir den Urlaub, welcher Wasser auf meine Tret-
mühle gewesen wäre. Nun ist der Herbst da, Pomona wird
von den Bäumen geschüttelt, und ich sitze hier und muß den
Storch beneiden, der sich mit der Schwalbe sammelt und in
eine wärmere Halbkugel zieht! Das ist eine Grausamkeit,
gegen welche Marsyas ein bei offener Scene gerufener
Flötenspieler ist, und sie läßt in meinem Busen einen Stachel
zurück, gegen den ich vergeblich löte!

Fassung, Wippchen, Fassung!

Mein Arzt, ein ausgezeichneter Medicyniker, sieht schwarz.
Er meint, daß ich einem langen Aesculap entgegenginge.
So sei es denn, ich muß die Reise trotz des sehnsüchtig in
mir pfeifenden Dampfrosses aufgeben, ich opfere mein Sein,
ich harre aus bis zu meinem letzten Mann, ich gebe den
Morpheus meiner Jugend auf . . .

> „Es fiel ein Reif in der Frühlingsnacht,
> Ich hab' ihn hören plumpen."

Fassung, Wippchen, Fassung!

Einliegend der nahende Winter, welcher die beiden Heere
zwingt, bis zum nächsten Lenz das Blutvergießen in die
Scheide zu stecken. Es ist der Bericht, den ich verfaßte, um
einige Wochen Muße zu haben, irgend ein fernes Gebirge

einzuathmen, oder am Ufer eines Thalattas zu verweilen. Es sollte nicht sein!

Wollen Sie meinen Wünschen die Krone aufsetzen, so senden Sie mir deren zehn. Von der Kirchenmaus kann ich nicht leben.

Schipkapaß, 5. September.

W. Das Plevna-Jubiläum, zur Feier der 25. Schlacht bei Plevna, verlief dem seltenen Fest angemessen. Die russischen Officiere dort, die türkischen hier, oder umgekehrt, versammelten sich, vom herrlichsten Kanonendonner begünstigt, in einer festlich geschmückten Batterie, stießen mit den Toasten an und drückten sich unzählige Hände. Es ist ihnen diese Freude schon zu gönnen. 25 Schlachten in 25 Tagen! Eine silberne Bluthochzeit! 25 Tage hintereinander hatte Bellona jeden Morgen, den sie anbrach, in die blutige Geißel gestoßen und die Heere gewissermaßen mit den Worten geweckt: „Aufstehen! Mars steht schon hoch am Himmel!" Und zehn Minuten später fielen aus den Kanonen die eisernen Würfel. Auch wir Berichterstatter hatten uns zur Feier des Tages um mich versammelt, den Tag zu feiern. Ohne der Bescheidenheit Schranken zu setzen, kann ich wohl behaupten, daß ich ihr Nestorküchlein bin und daß Jeder, ein Laokoon, mich mit den Schlangen seiner Verehrung umwindet. „Wippchen hoch, one, zwei, trois!" so tönte es in drei Zungen, während sie die Neige bis zum Rande ihres Bechers leerten.

Da fiel Schnee, und im folgenden Nu lag der Balkan unter einem Hügel von Flocken begraben. Welch ein Schauspiell „Soweit die Schifffahrt das Scepter meines Vaters sendet," (Schillers Carlos) schoß der Schnee wie Pilze aus den düsteren Wolken, fiel die Null im Thermometer tief unter sich und kündigte Waffenruhe an. Waffenruhe! Das Schwert gießt sich in die Ecke des Divans zu süßer Siesta, denn in dieser Jahreszeit ist kein Mars zu führen, bis die Rosen das Eis wieder schmelzen. Waffenruhe! Da war in der weiten Runde kein Stein, der nicht Jedem vom Herzen fiel, keine Thräne, die nicht ein Auge füllte! Auch ich!

Die Armeen bleiben natürlich bis zum Wiederbeginn der orientalischen Frage mobil. Alles athmet auf. Ich gedenke mit Wallenstein einen langen Bruder des Todes zu thun. Freilich, wer weiß? Kein Mensch. Wenn aber, dann werde ich wieder auf meinem Vorposten sein und dem Fuß der Kriegsfurie getreulich in die Stapfen treten. Gewiß nicht!

X.

Herrn Wippchen in Bernau.

Wieder mußten wir es uns gefallen laſſen, daß Sie die Reihe Ihrer Berichte unterbrochen und ſich augenſcheinlich heute noch nicht entſchloſſen haben, Ihre contractlichen Verpflichtungen zu erfüllen. Den Grund dieſer uns empfindlich ſchädigenden Unterbrechung finden wir in Ihren jüngſten Privatbriefen, und wir können nicht umhin, denſelben für frivol zu erklären.

Sie wünſchten ſich im Namen der ruſſiſchen oder türkiſchen Nation, — wir ſollten die uns zu dieſem Zweck paſſend erſcheinende ſelbſt beſtimmen, — einen Ehrenſäbel zu überreichen. Wir antworteten Ihnen, daß es nicht üblich ſei, Correſpondenten derlei Ehren zu erweiſen. Sie ſchrieben uns zurück, daß wir dies nicht verſtänden, und baten ſich zum Ankauf der betreffenden Waffe die Ueberſendung von 100 Mark aus. Als wir Ihnen dies verweigerten, theilten Sie uns mit, daß Sie mittlerweile dort bei einem Sammler ein altes Richtſchwert gefunden und gekauft hätten, welches Sie ſich, wie Sie ſchreiben, feierlich überreichen wollten. Ein altes Richtſchwert! Wir trauten unſeren Augen nicht. Sie ſchrieben, es

stehe Ihnen wie angegoffen, und es feien mit demselben viele hervorragende Köpfe des vorigen Jahr-
hunderts dem Erdboden gleichgemacht worden.

Dem fei nun, wie ihm wolle, wir bitten Sie
allen Ernstes, derartige Ideen, mit denen Sie die
kostbare Zeit vertrödeln, aufzugeben und an Ihre
Arbeit zurückzukehren.

Halten Sie dies nicht für nöthig, fo werden
wir thun, was wir im Interesse unseres Blattes für
dringend geboten erachten.

Ergebenst

Die Redaktion.

✻

Bernau, 4. October 1877.

Nur fo weiter! Verfolgen Sie die fich Ihnen freund-
schaftlich entgegenstreckende Hand, bis fie röchelnd verendet!
Ich will Alles drunter und drüber mich ergehen laffen und
höchstens wie der römische Fechter ausrufen: „Heil Dir, Ave,
die dem Tode Geweihten laffen Dich grüßen!“

Nur fo weiter!

Was habe ich denn gewollt! Ich bin kein Ehrgeizhals,
bin nicht eitel wie der Pfau, deffen Rad mir stets als das
fünfte am Wagen erschien. Gewiß nicht. Aber ich will auch
nicht, daß das, was ich schaffe, spurlos in Aeonen untergehe,
und in solchen Momenten verlange ich nach einem Zeichen der
öffentlichen Anerkennung. Der schnöde Kröfus, den Sie auf

der Post für mich einzahlen, befriedigt mich nicht allein, ich
singe:

> Was frag' ich viel nach Geld und Gut,
>   Wenn ich am Fenster steh'?

und in diesem Sinne wünschte ich nichts als im Besitz eines
Ehrensäbels zu sein, welchen einst meine späten Enkel mit
Stolz auf ihren Knieen schaukeln konnten.

Es ist ihnen nicht gegönnt. Das Schwert geht mir aus
der Nase. Ich ertrage es mit jener Ruhe vor dem Gewitter,
welche ich mir stets bewahrt habe. Ich habe das Richtschwert,
einen prachtvollen Zweischneider, dem Händler, der eine ganze
Bibliothek von derlei Waffen besitzt, zurückgegeben und stehe
nun, in meinem zwölf und dreißigsten Jahre, ohne den Traum
meiner Jugend da, enttäuscht, wie ein neugeborener Greis.
War es nicht Heinrich der Vierte, oder war es Henry quatre,
welcher verlangte, daß jeder Soldat sein Huhn im Tornister
tragen sollte? Anders Sie. Sie wollen, daß ich wie Hercules täglich meine Dutzendarbeit verrichte, die Aepfel der
Hesperiden aus den Ställen des Augias hole, dem
Kerberos die Hydra abhaue u. s. w., aber es ist Ihnen
gleichgültig, ob sich einst irgend Jemand ein graues Haar
nach mir kräht.

Nur so weiter! Ich beschreibe also heute nicht die Feier-
lichkeit, mit welcher ich mir den Ehrensäbel zu überreichen ge-
dachte und zu der ein zu Mantua in Banden geborener Lom-
barde die Rede aus meinem Aermel schütteln sollte. Sondern
ich sende Ihnen umstehend meinen zehnten Bericht. Ich sehe

ein, daß ich dem Krieg neulich zu früh ein „Bis hierher und so weiter!“ zugerufen, und eröffne ihn daher wieder und zwar mit großer Heftigkeit. Machen Sie sich auf Schlachten gefaßt, in welchen die Gefallenen in Strömen fließen. Ich beabsichtige nicht, den Türken das Blatt zu wenden und ihnen den Rücken des Kriegsglücks zuzukehren, aber mein ganzes Ich drängt nach Entscheidung, denn ich bin außer mir, daß sich Mars so in die Länge zieht. Jetzt sollen Sie mich kennen lernen. Wenn Sie sich nicht täuschen, bringe ich in vierzehn Tagen oder höchstens zwei Wochen die Türken in die Hauptstadt Rußlands. Ich bin noch nicht mit mir einig, aber Sie wissen, der Appetit kommt mit dem Schreiben. Hier der Rückmarsch über die Donau. Senden Sie mir 30 Mark Vorschuß. Wenn nicht, so 40.

Rustschuk, 1. October.

W. Als der erste Schnee fiel, sah ich schwarz. Ich glaubte an einen Waffenstillstand, welcher erst im nächsten Frühjahr schmelzen würde. Aber der Mensch irrt, so lang ich strebe. Ich komme vom Schlachtfeld bei Pyrgos. Ich muß leider jeder Beschreibung spotten, es ist, als sträube sich das Papier gegen die Feder, welche den Bericht schreibt. Wappnen Sie Ihre Ohren!

Zwischen der Jantra und dem schwarzen Lom standen die Achillesheere, deren eines die Ferse des andern zu erspähen suchte. Der Plan der Russen war, über die Donau zurückzugehen, es koste, was vom Himmel konnte. Die Türken unter Mehemed Ali wollten dies um jeden Preis verhindern, um den Russen auf dem Grund und Boden des Halbmondes das Lebenslicht zu massakriren. Gestern Abend, als der bleiche Morpheus eben aufgegangen war, ward das Zeichen zum Kampf gegeben, der die ganze Nacht währte. Kein Soldat konnte auf beiden Seiten ein Auge schließen. Der Donner der Geschütze weckte überall das Echo. Ich stand mitten im Gewühl. „Was schert mich Weib, was schert mich Kind!“ sang ich mit Heine, da ich weder das eine, noch das andere habe. Die Armee, commandirt von Osman, Suleiman und Achmed Ejub, Paschas von mindestens drei Trakehner Roßschweifen, boten Alles auf, die Russen nicht entkommen zu lassen. Umsonst! Heute Morgen 6 Uhr — Helios brach eben durch die Wolken — hatten die Russen gesiegt und gingen über die Wellen der Donau zurück.

Weithin schallte ihr Hoch auf den Kaiser, ihr „Vivat, Väterchen!“ welches sie in „Vivaterchen!“ zusammenzogen. Bleibt das Kriegsglück den Russen treu, so sind sie in acht Tagen in St. Petersburg. Es war ein großer Erfolg. Die Türken sind darüber ganz aus dem Serailchen. Allah il Allah, sagte heute einer achselzuckend zu mir, eine blinde Henne kriegt auch einmal ein Gerstenkorn!

XI.

Herrn Wippchen in Bernau.

Ihr geschätztes jüngstes Schreiben, das Sie auffallender Weise mit einem Trauerrand umgaben, beschäftigt sich ausschließlich mit dem Concurs der Ritterschaftlichen Privatbank in Stettin, und zwar augenscheinlich nur, um einen von Ihnen geforderten Vorschuß von 30 Mark zu rechtfertigen. Wir haben diese Summe sofort an Sie abgesandt. Wozu aber diese herzzerreißende Beschreibung des Elends, welche der erwähnte Banksturz hervorgebracht hat? Sie haben ja weder Aktien dieser Bank besessen, noch derselben ein Capital übergeben. Wenn Sie uns also anstatt der Schilderung jenes Sie garnichts angehenden Krachs einen Kriegsbericht geschickt und, wie gewöhnlich, mit einer einzigen Zeile den Vorschuß gefordert hätten, so wären wir Ihnen dankbar gewesen, während wir jetzt in der größten Verlegenheit sind.

Wir bitten Sie dringend um Fortsetzung der Kriegsberichte.

Ergebenst

Die Redaktion.

Bernau, 18. October 1877.

„Du siehst mich lächelnd an, Eleonore!" Mit diesen Worten, mit welchen der Bürger'sche Reiter Wilhelm, untreu oder todt, aus der Prager Schlacht in die Arme seiner Geliebten eilt, eröffne auch ich meinen heutigen Brief. Ja, ich bin glücklich, bin zufrieden, und froher, als nie zuvor, werde ich heute die Briefmarke befeuchten. „Ein—zwei—drei Heureka!" rief meines Wissens Archimedes, als er die Quadratur seiner berühmten Schraube entdeckt hatte, und so rufe auch ich. Denn heute, am 18. October, am Jahrestage der Schlacht bei Leipzig, ist auch endlich diejenige Erfindung gereift, an welcher ich seit meiner grauesten Jugend gearbeitet habe! Oft genug verzweifelte ich. Häufig war ich nahe daran, meine Idee für eine allzukühne zu halten und den Strohhalm, an den ich mich klammerte, in's Korn zu werfen. Heute aber fiel es mir plötzlich wie Schuppen ein, und da war sie geschaffen: die neue Schrift für Kriegscorrespondenten!

Der Kriegscorrespondent hat immer Eile. Bei ihm heißt es: „Gefahr in periculum!" Die Gabelsberger- oder Stolzegraphie ist nicht Jedermanns Sache. So erfand ich denn die Courierschrift, das ist die Kunst, mit Hülfe griechischer Lettern und deutscher Interpunktionen, die in jeder Druckerei vorräthig sind, über Hals und Kopf, gewissermaßen im Handumdrehen, zu schreiben und zu lesen. Während ich Ihnen dies mittheile, fühle ich, daß, wenn mein Staub längst nicht mehr unter den Lebenden wandelt, mein Name in mancher Zunge leben wird. Ich lasse einige Proben folgen.

4*

Wippchens Courierschrift.	Bedeutung.
γschendienst	Gamaschendienst.
Militärη	Militäretat.
Der ,ndant der :ne.	Der Commandant der Colonne.
In — der Feldherr schon durch die eroberte Festung .	In Gedanken strich der Feldherr schon durch die eroberte Festung.
Man hörte nach dem Geßllarm blasen	Man hörte nach dem Gebet Allarm blasen.
Der Gener α nd heftigen Widerstand	Der General fand heftigen Widerstand.
Das τwetter schadet sehr . .	Das Thauwetter schadet sehr.
Der russische Aδnzt auf einem Vulcan	Der russische Adel tanzt auf einem Vulcan.
Der μνster ist für Fortsetzung des Krieges	Der Minister ist für Fortsetzung des Krieges.
Ueberall finden sich, das ist keine ? des Verfalls . .	Ueberall finden sich, das ist keine Frage, Zeichen des Verfalls.
Die φ hische ρ heit der Baschibozuks	Die viehische Rohheit der Baschibozuks.
Die Heere um() die Festung	Die Heere umklammern die Festung.
ωlles gut enden!	O mög' Alles gut enden!

Noch voll bis zum Rande von meiner Erfindung, sende ich Ihnen beifolgend ein Bild von der Belagerung von Plewna. Auch zu diesem benutze ich eine ausgezeichnete Quelle: Wallensteins so wohl assortirtes Lager von Schiller. Es wird hoffentlich Ihre Beifallsernte finden.

Nächstens mehr oder weniger.

*   *   *

Vor Plewna, den 13. October.*)

W. Seit drei Tagen liege ich nun schon vor dieser Festung, ohne daß dieselbe Miene macht, zu Kreuze zu kriechen, so wenig wie der Russe daran denkt, zu Halbmond zu kriechen. Dagegen bombardirt der Belagerer fortwährend, und auch der Türke legt die Kanonen wahrlich nicht in den Schooß. Es ist ein Getöse, daß man oft nicht weiß, wo einem der Kopf steht, wenn man die Hände über denselben zusammenschlagen will, und man Gott dankt, seine heile Haut zu Markte tragen zu können.

Opfer fallen hier,
Weder Lamm noch Stier,
Aber, Menschen, fragt mich nur nicht: wie.

---

*) Dieser Bericht unseres geschätzten Kriegs-Correspondenten war ursprünglich in einer von diesem erfundenen sogenannten Courierschrift abgefaßt, aus der wir ihn übersetzt haben, da die Arbeit, die Courierschrift zu entziffern, eine fast eben so zeitraubende ist, wie die, sie zu schreiben.

Anm. d. Red.

Ich will es in einem Augenblick der Ruhe versuchen, ein Lagerbild zu entrollen. Soldaten von allen Farben und Feldzeichen drängen sich durcheinander. In den Zelten wird gesungen. Ein Bauer und sein Sohn kommen und denken, sie könnten den Soldaten die gestohlenen Sachen abnehmen. Denn die Russen, das muß ihnen der Neid lassen, stehlen wie die sieben Raben. Da nahen ein Wachtmeister, ein Trompeter und ein Ulan, und der Letztere giebt dem Bauer und seinem Sohn zu trinken und führt sie nach dem Zelt, wahrscheinlich, um mit ihnen zu würfeln. Gleichzeitig kommt ein Kosak, der ein Halsband hat, das nimmt ihm ein Scharfschütze ab und giebt ihm seine blaue Mütze dafür. „Halbpart, Schütze!" ruft ein Trompeter. Ein buntes Treiben! Dazwischen Marketendirnen, welche sich von Jägern den Hof schneiden lassen, Ich muß es mir hinter meinem Rücken nachsagen, daß ich dem Amor nie über die Schnur haue. Da kommt ein Rekrut singend aus dem Zelt, der sich anwerben ließ, Bergknappen aus dem Kaukasus treten auf und spielen einen Walzer. Alsbald beginnt ein kleiner Terpsichore, und Alles tanzt. Mittendrin erscheint ein Kapuziner und predigt eine sehr wüthende Gardine, bis es den Soldaten zu viel wird und sie den Philippicus fortjagen. Kaum ist dies geschehen, so bringen Arkebusiere, Dragoner und Andere den Bauer, der mit falschen Würfeln Karten gespielt hat. Man will ihn hängen. Zum Glück kommt ein erster Kürassier, der ihn befreit, und nun singen Alle ein munteres Lied, dessen Anfang, aus dem Russischen übersetzt, etwa lautet:

„Wohl auf, Moskowiten, auf's Pferd, auf's Pferd!" und dazwischen regnen die Granaten so dicht aus der Festung, daß keine Bombe zur Erde fallen kann.

Trommelwirbel. Die Truppen stürmen. Ich schließe. Vielleicht stecke ich den Brief in Plevna in einen Kasten.

———

XII.

Herrn Wippchen in Bernau.

Wir haben geglaubt, Sie von Ihren vielen
Projecten zu Ihrer Aufgabe zurückzubringen, wenn
wir Ihre Briefe, welche sich nicht speciell mit dieser
beschäftigen, überhaupt nicht mehr beantworten.
Leider sehen wir, daß uns dies Verhalten nicht zum
Ziele führt. Anstatt einer Schlacht erhielten wir
seit einer Woche täglich ein Schreiben von Ihnen,
in welchem Sie uns Ihren Plan weitläufig ausein-
andersetzen, einen Luftballon zu bauen, und uns auf-
fordern, die Kosten zu tragen. Mit diesem Luftballon
wollen Sie, wie Sie sagen, Ihre Briefe zur Eisen-
bahnstation befördern, sie so vor den Verfolgungen
des Feindes sichern und den Kriegsschauplatz nach
allen Richtungen überblicken. Ferner verlangen Sie
zum Ankauf eines guten Fernrohrs eine ziemlich be-
deutende Summe und schicken uns eine Rechnung
für einen Expreßboten nach Kars, Feldbettreparaturen
und einen neuen Sattel. Alles in Allem würden
diese Zahlungen eine Summe repräsentiren, wie sie
etwa von den „Times" für ihre Kriegsrubrik auf-
gewendet wird.

Aber ganz abgesehen von diesem Bedenken, so
könnten Ihre Projecte und Forderungen doch nur

dann Sinn haben, wenn Sie in irgend einer Form
das Publikum damit unterhalten, um es glauben zu
machen, Sie seien auf dem Kriegsschauplatz. Indem
Sie indeß uns, und zwar in allem Ernst, damit
behelligen, scheinen· Sie zu vergessen, daß wir Mit-
wisser sind und das Recht haben, speciell Ihre Luft-
ballon-Idee wenigstens grotesk zu finden.

Wozu also diese und ähnliche Correspondenz?
Haben Sie ein Einsehen und senden Sie schleunigst
Manuscript.

Ergebenst

Die Redaktion.

Bernau, 1. November 1877.

Grotesk! Wippchen grotesk! Ich grotesk, weil ich Geld
verlange, um einen Ballon zu Kriegszwecken zu errichten!
Sollen denn immer noch die Sokratesse den Scheiterhaufen
leeren, weil sie ihrer Zeit voraneilen? Ich nicht! Ich — darauf
können Sie mich verlassen — stampfe im Gegentheil mit dem
Fuße in den Giftbecher und rufe mit Giordano Galilei:
„E pur si bewegt sich doch!“ Ich grotesk! O, wie Recht hat
Dühring, wenn er seinen Hin- und Widerfachern zuruft:
„Noli me tangere circulos meos!“ Aber bin ich denn
eine solche Hekatombe, daß Sie mich opfern wollen, weil ich
eine große Idee hatte?

Ich grotesk! Es gab eine Zeit, wo ich solches Wort nur mit zehn Schritten Distanz abgewaschen, wo ich Sie wegen dieses Ausdrucks zu einem überseeischen Duell gezwungen hätte. Das war, als ich noch ein steinjunger Mann war, als meine Locken noch blond schlugen. Damals legte Jeder, der mit mir sprach, seine Zunge auf die Wagschale, und wer mich beleidigte, ging über meine Leiche. Die Männer fürchteten mich, die Frauen — doch wozu die kaum vernarbten Lippen wieder aufreißen, an denen der Held einst hing, den Sie ungestraft grotesk genannt haben!

Es waren — entschuldigen Sie das harte Wort — schöne Tage, die nun in den Zahn der Zeit versunken sind! Sorgen haben mein Haupthaar gefurcht, meine Jugend ist zu den Bären geflohen, ich bin ruhiger, ein Kaltsporn geworden. Und so will ich denn vergessen, daß Sie das Wort grotesk gesprochen haben, — Punktum ist ja die Höflichkeit der Könige.

Aber protestiren möchte ich doch gegen Ihre Auffassung meiner jüngsten Vorschläge. Dieselben waren mein völliger Ernst. Ich und scherzen und noch dazu mit einem Luftballon, mit Fernröhren, Feldbetten, Expreßboten und Sätteln! Das sind im Gegentheil für einen Kriegscorrespondenten die wichtigsten Attribute, und ich kann mir eher einen Apollo ohne Herkuleskeulen denken. Und wann hätte ich überhaupt jemals gescherzt? Ich und Lachen sind zwei Gegenfüße, welche sich ewig fliehen; der Bauch, den ich mir vor Lachen halten möchte, soll noch erst geboren werden, und nur, wenn man mir das

Zwerchfell über die Ohren zöge, würde ich der Gewalt weichen und mich eines Gelächters bemächtigen.

Genug des Basta! Ich schreibe heute meinen dutzendsten Brief. Sie werden staunen, wo. Ich bin ganz stolz auf die Idee. Die Leser sollen vor Grauen nicht wissen, wo mir der Kopf steht. Ich liefere eine Schilderung aus dem Vollen und bitte um Vorschußsendung. Es darf auch etwas mehr sein.

＊
＊　　　　　　　＊

Kars, den 27. October, im 1255. Jahre nach der Hedschra.

W. Da bin ich in der Festung Kars. Das Hineinkommen war eine Arbeit, welche ich nicht noch einmal, nicht einmal pour le Roi de Prusse, machen möchte. Ich mußte durch manchen Russen hindurch, und mancher Knute sah ich in's Auge. Erwischte man mich, so war ich überzeugt, daß ich der standrechtlichen Erschießung nach Sibirien nicht entging, und ich hätte es mir selbst zuzuschreiben gehabt. Aber gerade die Gefahren waren die Sirenen, welche mich lockten und mir das Ohr mit Wachs verstopften.

Hier ist es allerdings nicht weniger unerfreulich. Durch die Niederlage Moukhtar-Pascha's hat sich die Besatzung verdoppelt und die Lebensmittel gehen ihrer Neige entgegen. In einigen Tagen, vielleicht schon morgen, wird das Hungertuch seine Krallen nach uns ausstrecken, und wir werden so darben, daß uns eine Ratte, wo wir eine solche sehen, im Munde zusammenläuft. Soeben sagte ein Derwisch zu mir: „Ach, Efendi, ich bin so auf dem Hund, daß ich denselben schlachtete und verspeiste," und dabei fluchte er, der Russe sei der leibhaftige Allahseibeiuns. Und was noch schlimmer ist: Als ich in die Festung einfuhr, spannte man mir die Pferde aus. Ich dachte, man bereite mir einen Enthusiasmus, verbeugte meinen. Fez nach rechts und links und hielt eine Dankrede. Aber es war Täuschung, man spannte mir nur die Pferde aus, um sie lebendig zu schlachten und zu verspeisen.

Wie lange sich die Festung unter solchen Umständen wird halten können, das ist eine Frage mit sieben Siegeln. Das Bombardement nimmt dann und wann kein Ende, und obschon unsere inmitten der Stadt auf einem steilen Felskegel errichtete Citadelle auch kein Blatt vor den Krupp nimmt, so wird sich doch das Zünglein der stolzen Veste bald auf die Seite der Russen neigen. Contre la force il n'y a qu'un pas!

Eben komme ich von den Wällen. Welch' ein Anblick! Auf der ganzen Vogelwiese vor denselben sah ich Nichts als Schwerter und Spieße. Wohl an die Hunderttausend, oder gar noch weniger. Ich schließe. Ob dieser Brief ankommt?

———

XIII.

Herrn Wippchen in Bernau.

Es thut uns recht leid, daß Sie Grund zu haben glauben, sich zu beklagen. Sie werfen uns vor, daß wir Ihre, wie Sie sich ausdrücken, wichtigsten Nachrichten ungedruckt lassen. „Sie stießen mir", so schreiben Sie uns wörtlich, „die Nadel der Cleopatra in's Herz, als Sie meine jüngsten Telegramme in Ihren caudinischen Papierkorb warfen!" Wer dies hört, muß wirklich glauben, daß Sie uns etwas Wichtiges gemeldet und wir dies etwa aus Muthwillen unterschlagen haben, während Sie, anstatt uns wirkliche Berichte zu senden, Tag für Tag telegraphirten:

Vor Plevna nichts Neues.
b. Podbielski.

Abgesehen also davon, daß Sie die bekannte Depesche aus dem deutsch-französischen Kriege einfach abgeschrieben und nur statt Paris Plevna setzten, wollten Sie uns geradezu veranlassen, uns lächerlich zu machen, und beklagen sich noch, da wir uns dagegen sträuben. Aufrichtig, lieber Herr Wippchen, wir begreifen Sie nicht!

Gestatten Sie uns auch, daß wir Ihre uns gleichfalls ganz unverständliche Absicht, Ihre Bernauer Wohnung und unser Bureau mit einem Telephon verbinden zu wollen, nicht weiter berücksichtigen, und versehen Sie uns bald wieder mit ausführlichen Berichten.

Ergebenst
Die Redaktion.

*

Bernau, 15. November 1877.

Endlich das erlösende Wort! Ich habe es herbeigesehnt, wie das zweimal verwachsene Kameel die Oase. Endlich! Nun ja, die Furcht, Sie könnten mich für einen gewöhnlichen Menschen halten, nagte an meinem Wurm, und oft genug floh das Bett mein Auge, wenn diese Furcht mich beschlich. Nun aber, da Sie mir schreiben: „Wir begreifen Sie nicht!“ nun drücke ich Ihnen im Geiste Hand und Fuß, denn Sie haben meinem inneren Düppel den Sabbath wiedergegeben.

Stets sträubte sich mein besseres Du gegen die Ehre, begriffen zu werden. Nur gemeine Menschen werden begriffen. Euripides ist heute noch ein mythischer Dreifuß, Solon mußte erst ausrufen: Nemo ante portas beatus! um sich vor dem sicheren Holzstoß zu retten, und Columbus war genöthigt, zum äußersten Ei zu greifen, um seine Gegner zu *überzeugen*, daß der jenseitige Ocean ein festes, großes Land sei. Wurde Aristophokles etwa wie mit Siebenmeilenstiefeln begriffen? Streitet man sich nicht heute noch wie bei'm Bäcker die Semmel um gewisse Stellen im Shakespeare? Und Goethe? Wenn er auch aus dem Aermel seines Pegasusses viele Gedichte schüttelte, welche wir gewissermaßen schon mit der Wiegenmilch einsaugen, begriffen ist er nicht ganz, und der Erlkönig von Thule weiß heute noch nicht, wie das Wasser hieß, an welchem der Fischerknabe saß und die Fische aus den Angeln hob.

Ich werde — das schmecke ich — bitter, und da ich in solchen Momenten leicht zum Haarklauber werde, so breche ich hier ab. Ich ziehe mich wie ein rother Faden zurück, erfreut, daß ich wieder einmal nicht begriffen worden bin. So sei es denn! Es ist ja gut, ein etwas räthselhafter, nicht leicht aufzuknackender Charakter zu sein. Auch das Telephon will ich in meinen Calendas Graecas degraden. Es thut mir weh. Aber trösten wir mich. Es hat Alles einen Rubicon, sagte ja auch der Fuchs, als ihm die Wurst zu hoch hing, und so will auch ich sagen.

Heute sende ich Ihnen keine Schlacht. Das ewige Auf- und Niedermetzeln muß unsere Leser ermüden, und wenn wir fortwährend einen vom Brand der Städte gerötheten Himmel über ihnen lächeln lassen, so ist Gefahr vorhanden, daß wir eintönig werden und dann schreiben wie Penelope, welche bekanntlich Nachts stets die Gewänder wieder auftrennte, welche sie während des Tages den Hügel hinangewälzt hatte. Ich will Aussichten auf den Frieden eröffnen. Lassen Sie mich ein Mal anstatt in die Kriegsdrommete in die Aeolsharfe stoßen.

Habe ich in diesem Brief bis hieher noch nicht um 30 Mark Vorschuß gebeten, so verzeihen Sie es mir.

* * *

Constantinopel, den 12. November.

W. Gestern — die Abend-Aurora versilberte eben mit mildem Mondlicht das goldene Horn — kam ich hier an. Die Türken zitterten in ihren malerischen Trachten vor Wuth, es war das Gerücht verbreitet, der Prophet werde dem Sultan erscheinen und ihm strenge befehlen, Frieden zu schließen. Auf Windessohlen eilte ich in den Palast und fand das Gerücht bestätigt.

Der Sultan hatte gerade mit fünfundzwanzig seiner Frauen ein Gespräch unter vier Augen, als er ein seltenes Gesicht hatte. Es war allerdings der Prophet, welcher dem Sultan mit dem Koran winkte, ihm zu folgen. Der Sultan ließ sich das nicht zwei Mal winken und folgte dem Propheten in die für solche Unterredungen reservirte Moschee.

Der Prophet sah aus wie Niemann im dritten Akt desselben. Auch die Stimme hat einige Aehnlichkeit, doch hat mich sein Spiel nicht in gleichem Maße befriedigt. Er trug ein langes Gewand und ein nacktes Schwert, welches er bei den hohen Tönen seines Vortrags heftig in der Luft schwang. Im Uebrigen erinnerte der Prophet durch Nichts an die gleichnamige Oper: er war, wie mir sehr angenehm auffiel, nicht

von den Wieder- und immer Wiedertäufern begleitet, und
ferner fehlten der Schlittschuhtanz, die Flöße und der Zusammen-
sturz der Kirche. So zeichnete sich das Erscheinen des Propheten
durch große Einfachheit aus, machte aber gerade deshalb einen
würdigen Eindruck.

Als er mit dem Sultan allein war, wies er auf die
Gefahren eines noch länger dauernden Krieges hin, schilderte
die Leere des Mekkaschatzes, pries die Ehre als gerettet, das
russische Prestige als zerrüttet und gebot dem Sultan, einen
ehrenvollen Janustempel zu schließen. Der Sultan wollte
etwas erwidern, aber der Prophet schüttelte ihm den Kopf,
warf ihn in die Knie, schlug ihm die Augen nieder, zog ihm
den Turban und verschwand. Gerufen, erschien der Prophet
zwar wieder, doch verbeugte er sich sprachlos, um abermals
zu verschwinden.

Sie werden in den nächsten Tagen Schritte hören, welche
der Sultan thut, um Rußland zum Frieden zu zwingen.

XIV.

Herrn Wippchen in Bernau.

Nach reiflicher Ueberlegung haben wir uns, wie
Sie richtig vermuthen, entschlossen, Ihren jüngsten
Bericht zurück zu legen. Wir werden denselben auch
nicht etwa später drucken, so interessant er in mancher
Beziehnng auch sein mag. Sie werden uns ohne
Zweifel beipflichten. Denn Sie lassen denn doch
Ihrer Phantasie etwas zu unüberlegt die Zügel, indem
Sie sich in dem gestürmten Kars das gefallene
Paris des Jahres 1871 vorstellen und den Ausbruch und die Herrschaft der Commune in Kars
schildern. Dabei halten Sie sich streng an das
Original und erzählen von dem Brand der Schlösser,
dem Sturz einer Vendômesäule, der Erschießung
der Geißeln 2c., ja, gehen sogar so weit, ausführ-
lich mitzutheilen, daß Rußland sich entschlossen habe,
einen Theil der gefangenen türkischen Armee frei zu
lassen, damit dieselbe Kars den Händen der Petro-
leure entreiße. Das, meinen wir, geht doch etwas
zu weit. Wir haben Ihnen manche Concession gemacht und dadurch vielerlei Berichtigungen, Klagen,
ja selbst Spott hervorgerufen. Es wäre doch unverantwortlich und hieße, unser Blatt ruiniren, wenn

wir nicht da wenigstens Halt machten, wo Ihre
Phantasie sich allzu kühne Ausschreitungen erlaubt.

Entschädigen Sie uns recht bald durch einen
anderen interessanten und weniger gewagten Bericht.
Ergebenst

Die Redaktion.

*

Bernau, 29. November 1877.

Wie einen Blitz aus heiterem Gewitter las ich Ihr er-
gebenes Schreiben. Ich sehe leider ein, daß Sie nicht anders
können, als sich mit mir in den Erisäpfeln liegen. Wie
Diogenes mit brennender Tonne Menschen suchte, so suchen
Sie, fortwährend neue Knoten in den Gordon zu schürzen.
Jeder Ihrer Briefe ist eine wahre Hiobsrohrpost. In der
Hoffnung, die Hand Noahs mit dem Oelblatt zu sehen, brach
ich den Gummi und mußte enttäuscht entdecken, daß Sie mir
überall, wo Sie nur können, ein Bein in den Weg stellen.

Wohl weiß ich, daß der Mensch nicht wie ein Haar durch
die Milch gezogen wird, und daß er häufiger, als ihm angenehm ist, fünf gerade herunterschlucken muß. Aber jeder
modus muß sein rebus haben! Nicht immer kann ich, wenn
man mir den Schuh drückt, ruhig zurückweichen, oder dastehen
und — verzeihen Sie das harte Wort! — einen Maulaffen
aufsperren. Es mag, ich gebe es ja zu, vernünftig sein,
immer, wo man als Wurm getreten wird, eine Katze zu
buckeln, einen Bücklingsdiener zu machen und so klein, wie

nur irgend möglich, beizugeben, aber jedes Ding hat zwei
Seiten, und nur Cerberus hatte drei, und wenn Sie mir
gegenüber keine anderen Saiten einschlagen, so bäume ich
meinen angeborenen Stolz und nehme Hektors Abschied.

Ist es denn möglich? Ist es denn nicht eins der sieben
Wunder der Welt, daß Sie mir meine strotzende Phantasie
vorwerfen? Oder irren Sie mich? Mein Aufstand der Com-
mune in Kars wäre wie ein Lauffeuer in den deutschen Journalen nachgedruckt worden. Ich bin nicht eitel. Wenn der
König von Salomo sagt: „Alles ist eitel!" ich bin es gewiß
nicht. Ich wuchere nicht mit einem einzigen Loth meines
Pfundes, aber ich will auch den Scheffel nicht über mein
Licht gestellt sehen. Die Niederwerfung der Vendômesäule in
Kars, von einem Augenzeugen erzählt, hätte überall einen
Schrei des Entzückens ausgestoßen, während Sie das Werk
meiner Phantasie abweisen, als sei ein solches überhaupt so
zahlreich, wie Sommersprossen an der Jakobsleiter, oder so
billig wie Brombeeren am Meere. Da befindet sich aber Ihr
Errare in einem sehr bedenklichen Humanum est. Phantasie
ist ein Geschenk des Himmels, und ich bin glücklich, daß mir
die Götter das muthlose Anker dieser kühnen Seglerin in den
Schooß geworfen haben. Sie belebt die todten Buchstaben,
sie giebt den Flügeln Schwingen, sie durchgeistigt die Prosa,
als schriebe man in Achillesversen, und sie schützt vor dem
Versinken in die pontinischen Alltäglichkeiten. Ob Sie mich
verstehen? Ach, ich muß fürchten, daß das, was ich sage,
über Ihren Zenith geht. Homo, was bist Du für ein armer

Sapiens, wenn Dir die Phantasie fehlt! Verzeihen Sie, wenn meine Worte überkochen! Aber ich bin gereizt, und wenn ich sehe, daß ich einen Laokoon an meinem Busen genährt habe, dann gleiche ich einer Löwin, der man das Nestküchlein raubt. Aber ich mußte sagen, was mir den Alp drückte, und wer die Suppe eingebrockt hat, der kratze sich.

Damit halte ich diese Hydra für erledigt. Ist sie das für Sie nicht, so sagen Sie einfach mit Goethe:

„Hier ist Ceres, hier ist Bacchus Gabe,
Ein Rauchfang ist Dir auch gewiß,"

und ich schüttle mein Bündel von den Schuhen und verlasse das Kriegstheater.

Hier ein Sensationsereigniß. Keiner meiner Collegen wird mir dergleichen nachmachen. Habe ich Ihnen wieder zu viel Phantasie, oder kann ich morgen mindestens 40, höchstens 30 Mark Vorschuß haben?

*

Bogot, 25. November.

W. Die Kämpfe, welche seit der Mitte des vorigen Hujus um Plevna stattfanden, hatten mich hierhergelockt. Der Feldmarschall Osman v. Pascha vertheidigte diese Festung mit einer die Katze in den Schatten stellenden Zähigkeit. Ein Ausfall gab dem andern die Hacken in die Hand, und keine Menschen wurden gescheut. Heute aber hat die List der Türken einen ungeheuren Erfolg zu verzeichnen. Lassen Sie sich erzählen.

Es mochte heute Morgen kaum Frühroth geschlagen
haben, als die Russen mit ihrer ganzen Macht die Festung
angriffen. Was mir sofort auffiel, war, daß die Türken
während des Sturms ganz unzählig wenig schossen, als
fehlten ihnen Munition und Geschosse. Es war schlechtes
Wetter, man konnte seinen eigenen Nebel nicht vor Augen
sehen. Das hielt aber den General Skobeleff nicht zurück.
Er ließ unaufhaltsam zum Angriff blasen, war der Erste auf
allen Sturmleitern und rief fortwährend: „Wir müssen
Plevna haben, es koste coûte qui coûte!" Der Zar wohnte
in seiner bekannten Loge dem Schauspiel bei, dem er durch
seinen Opernkrimstecher mit Interesse folgte, und ließ dann
und wann seinen Beifall eigenhändig laut werden.

Um Mittag war die Festung genommen. Um ein Uhr
fand der Einzug statt. Da ereignete sich, was ich schon
geahnt hatte: Die Türken hatten eben die Festung verlassen,
alle Nahrungsmittel bis auf einige alte Uniformen mitneh-
mend, und als sie von den Russen die Festung in Besitz genommen sahen, schlossen sie sie ein und begannen alsbald die
Belagerung, welche, wenn die Russen ihren mitgebrachten
Zwieback und anderen Caviar verzehrt haben werden, mit der
Aushungerung Plevnas enden muß.

Als der Zar sah, was sich zutrug, warf er erschüttert
seinen Hut um die Schulter und entfernte sich schleunig. Ich
noch mehr.

———

XV.

Herrn Wippchen in Bernau.

Auf die Gefahr hin, Sie abermals zu erzürnen, weisen wir Ihr Gesuch zurück, Ihnen umgehend die Mittel zur Disposition zu stellen, welche Sie nöthig haben, um sich auf den deutsch-chinesischen Krieg vorzubereiten. Ihr Krieg-in-Sicht-Brief erschien uns fast als ein übel angebrachter Scherz. Erst nach nochmaligem Lesen kamen wir dahinter, was Sie zu Ihrem werthen Schreiben veranlaßt hatte. Weil einige Herren der hier eingetroffenen Chinesischen Gesandtschaft von Straßenjungen belästigt worden sind, halten Sie den Ausbruch eines Krieges zwischen China und Deutschland für nahebevorstehend, überzeugt, daß, wie Sie sich ausbrücken, der auf das Tiefste beleidigte Zopf nur mit Blut abgewaschen werden könne. Und Ihr erster Gedanke richtet sich auf die Anschaffung der Toussaint-Langenscheidt'schen Unterrichtsbriefe der chinesischen Sprache, die bekanntlich gar nicht existiren, und eines Paars chinesischer Schuhe, die Ihnen, beiläufig bemerkt, viel zu eng wären.

Wir bitten Sie freundschaftlichst, sich zu beruhigen und nicht weiter an einen deutsch-chinesischen Krieg zu denken. Der sogenannte Conflict ist durch Aufstellung eines Schutzmannspostens vor der Wohnung der chinesischen Gesandtschaft beigelegt worden, und Ihre Behauptungen, in Peking sei „Nach Berlin!" gerufen, die chinesische Mauer mit kriegerischen Plakaten bedeckt 2c., würden von Niemand geglaubt werden.

Denken Sie nüchtern über das, was Sie uns geschrieben, nach, und Sie werden flink zu Ihrer Aufgabe, uns Berichte vom orientalischen Kriegstheater zu senden, zurückkehren.

Ergebenst

Die Redaktion.

*

Bernau, 13. December 1877.

Wie Marius auf den Trümmern von Jeremias, so saß ich da, als ich Ihren geschätzten Brief gelesen hatte. Mir war, als sollte ich mir eine Kugel durch mein letztes Stündchen jagen, denn was zu viel ist, das ist Nichts. Ich glaubte mich mit Ihnen auf die Friedenspfeife gestellt zu haben, aber es war Essig, worin ich mich gewiegt, und meine schönsten Seifenblasen sind geknickt, ehe der Sturm sie entblätterte. Gestern noch hing ich voller Geigen, heute bin ich schon geborsten und kann stürzen über Nacht. Das empört mich, der ich keinem Wässerchen etwas am Zeuge flicke und kein Lämmchen trübe. Aber lassen Sie sich warnen: Allzu scharf gespannt, macht schartig!

Sie schweigen? O sagen Sie das nicht!

Sie schreiben mir, ich solle über meinen Brief nüchtern nachdenken. Das will also sagen, daß ich — verzeihen Sie das harte Wort — trinke, daß ich mich dem stillen Bacchus ergeben habe. Mich! Die Wahrheit ist, daß niemals ein Affe meine Lippen befeuchtet und mich niemals Jemand als Falstaff gesehen hat. Seit ich meine Kinderjahre vertreten habe, kann kein Hals sagen, daß ich ihn der Flasche gebrochen, und habe ich mir selbst dem Wiener Märzen-Gambrinus stets drei Seidel vom Leibe gehalten. Leere ich einen, — oder ist der Seidel ein Neutrum? — so bestelle ich mir noch einen Schnitt, aber schon nach dem zweiten Seidel tanzt Alles mit mir auf einem Vulcan, meine Beine steigen mir zu Kopf, ich sehe eine Helena in jeder Hexenküche, ich stoße mit meinen besten Freunden auf Sie und Du an, ich dreche in weithinschallende Thränen aus, ich möchte den ganzen Kiepert umarmen, ich zünde die Schwefelhölzer mit meiner Cigarre an und gehe schließlich nicht zu Bette, ohne mir die Schlittschuhe angeschnallt zu haben und die Mausefalle unter mein Kopfkissen zu legen, anstatt umgekehrt. Aber weil ich das weiß und weil ch mir die Grazien, wenn sie mich fliehen, in Camönen verwandeln, welche mich gleichfalls verlassen, so nehme ich mich in mindestens Acht und genieße nie ein Glas über meine Nagelprobe. Freilich, Wasser trinke ich selten, Selter seltener, aber ich gehöre auch nicht zu jener Sekte, welche solche in Strömen schlemmt, ich habe mich dem Oelkrüglein der Wittwe Clicquot stets ferngehalten. Mit einem Wort: ich bin ein

Durſtbold, und alle meine Handlungen zeugen von ſinnloſer
Mäßigkeit.

Und ich ſoll zwiſchen Ihren Zeilen ein Trinker ſein?

Sie haben mir weh gethan. Dies genügt mir. Ich
ſage mit dem Dichter:

„Es kann die Spur von meinen Erdentagen
Das Unvermeidliche mit Würde tragen.“

Nun zurück zu meiner geliebten Aufgabe. Plevna iſt
gefallen. Ich weiß es aus der beſten Quelle, es ſteht in dem
hier erſcheinenden Kreisblatte. Sie wiſſen, ich ſauge mir
nichts aus den Enten. Verzeihen Sie mir, wenn ich mit in
die Gefangenſchaft muß. Mir bleibt nichts übrig, als das
Theilen des Schickſals der tapferen türkiſchen Armee. Senden
Sie mir 20 Thaler, oder wenigſtens 60 Mark. Ich will
nicht kleinlich ſein.

*

Plevna, 10. December.

W. Der beſte Koch triumphirt, die hungrigen Sieger
ſind den ſatten Beſiegten unterlegen, die Lebensmittel gingen
über die Trümmer der ſtolzen Feſtung zur Neige. Das iſt die
Nachricht, vor der Alles, auch Ihr Correſpondent, in den
Hintergrund tritt.

Ich begab mich geſtern nach Mitternacht — es war
anderthalb Uhr — zu Bette, um heute Morgen um 7 Komma
30 durch ein großes Getöſe geweckt zu werden. Die geſammte
Armee Osman Paſchas griff die Cernirungslinie am linken

Ufer des Wid an. Dies aut mußte geschehen, ein anderes aut war unmöglich. Es galt, das Paroli zu biegen, oder es zu brechen. Denn gegen die letzte Semmel giebt es keinen Widerstand, und wenn das Brod den Weg alles Fleisches gegangen ist, so lautet die Losung: Sieg oder Tod! Die Noth war groß. Die Besatzung hatte schon zum äußersten Pferd gegriffen, und selbst Katzen standen bereits mit einem Fuß in der Küche. Das Dictu war horribel! Osman Pascha, rasch entschlossen, gab den Befehl zum Ausfall.

Nie wurde tapferer gekämpft, nie schlugen ch die Löwen wie die Türken, wie dies heute umgekehrt der Fall war. Aber das Marsglück lächelte uns nicht. Nach fünf Stunden ergab ch der tapfere Osman Pascha mit der gesammten Armee dem verhaßten, so oft geschlagenen Feinde.

Keiner entkam. Ich befinde mich unter demselben. In einigen Stunden werde ich in Wasser und Brod sitzen. Bei diesem Gedanken stehen mir die knirschenden Zähne zu Berge. Ich werde noch von Fortuna sagen können, wenn ich nicht als Spion dem nächsten Baum in's Auge schauen muß, oder, was noch schrecklicher wäre, in den Bergwerken Sibiriens zu ewigem Zobel verurtheilt werde. So strecke ich denn die Feder und sage Ihnen Lebewohl! Verzeihen Sie das harte Du! Aber es übermannt mich, mein Auge quillt, ich bin so jung . . . .

Man klopft . . . „Pappenheim, ich kenne Dich!" . . .

———

XVI.

Herrn Wippchen in Bernau.

Auf unsere ergebene Anfrage, zu welcher Nummer wir wieder auf einen Bericht aus Ihrer geschätzten Feder rechnen könnten, antworteten Sie nur mit einer Sechserkarte, welche die Worte enthielt: „Es ist mir in der Gefangenschaft das Schreiben nicht gestattet." Wir hatten Mühe, uns diese Antwort zu erklären. Zuvörderst glaubten wir, daß Sie wegen irgend eines Conflicts mit dem Bernauer Nachtwächter arretirt worden seien, — an Schlimmeres wagten wir nicht zu denken, — und waren natürlich in großer Sorge um Sie. Dann aber fiel uns ein, daß Sie Ihren vorigen Bericht mit Ihrer Gefangennahme durch die Russen geschlossen hatten, und Sie können sich leicht denken, daß uns ein derartiger Grund zur Einstellung ihrer Arbeit als ein sehr frivoler erschien. Es ist dies jedenfalls ein sehr übel angebrachter Scherz, und wir hoffen und wünschen, daß Sie denselben nicht zu weit ausdehnen.

Ihren Wunschzettel zum Weihnachtsfest haben wir mittlerweile erhalten. Da wir auf demselben aber u. A. ein Paar goldener Sporen, eine Feldapotheke, eine Zither, die Marmorbüste Bellachini's, eine blühende Victoria regia, drei Roßschweife, einen Citronenbaum und einen ausgestopften Gorilla verzeichnet fanden, so blieb uns nichts weiter übrig, als das Document bei Seite zu legen.

Ihren Berichten entgegensehend, zeichnen wir ergebenst

Die Redaktion.

*

Bernau, 27. December 1877.

Was ich durch Ihren werthen Brief gelitten, meine Zunge vermag es nicht zu fassen. Ich fragte mich, ob es nicht vernünftiger sei, des lieben Friedens willen mich von Ihnen zu trennen, und lange war ich unschlüssig wie zwei Gebündel Heu. Endlich wählte ich von zwei Uebeln das dritte und zerriß den projectirten Scheidebrief in Scherben. Ich vergebe gern, dieser göttliche Prometheusfelsen in meiner Brust ist nicht leicht zu ersticken.

Nicht ohne Grund hatte ich gemeldet, daß ich gefangen worden sei. Ich sehnte mich nach Ruhe, nach einer etwa vierwöchentlichen Bärenhaut, und, sagte mit dem Dichter: „Ich denke einen langen Wallenstein zu thun." Kein Säulenheiliger, kann ich auch nicht dauernd mit einem Bein am Schreibtisch sitzen, und daher ergriff ich die Gelegenheit bei den Hörnern, einmal gründlich Dolce far niente zu schnappen, um meine Nerven zu beruhigen. Und als nun Plevna gefallen war und der Zar sein Tedeum ex machina gebetet hatte, da schien mir auch für mich der Moment gekommen, die Hände ein wenig in den Sabbath zu legen.

Sie wollen es nicht. Und wenn ich unter mir zusammenbreche und wenn mir die Poren von der Stirne rinnen, ich soll arbeiten. Wie die Wage der Gerechtigkeit sind Sie blind für meine Seufzer. Gut! Aber wenn ich eines Tages meinen Geist aushauche, dann, das weiß ich, wollen Sie es nicht gewesen sein.

Zuviel, fast genug. Was nun den Krieg betrifft, so erkläre ich denselben für beendet. Ich will damit nicht sagen, daß ich die Berichterstattung niederlege, denn es ist ja möglich, daß der nächste Telegraph wieder die erste Bombe bringt und der Horizont von Neuem gährt. Aber das ändert nichts: für mich ist der gegenwärtige Krieg vorbei. Versuchen Sie nicht, meinem Contrecoeur irgend welche Gewalt anzuthun, es hieße pour le roi de Prusse dreschen.

Ich sende Ihnen heute eine Art Idyll, wie es sich für die Zeit zwischen Weih- und Sylvester, sowie zwischen meinem Schluß und meinem Wiederbeginn des Krieges eignet. Und somit gratulire ich Ihnen zum neuen Meer der Ewigkeit; möge im Jahre 1878 der Himmel seine Geigen über Sie ausschütten! Und wenn Sie mir Ihr „Gleichfalls!" zurufen, dann schließen Sie mir gefälligst 30 Mark Vorschuß bei. Es ist wirklich nicht wegen des Geldes, aber es liest ch besser.

Simnitza, 20. December.

W. Nur zehn Tage dauerte meine Haft. Dann spie mich der Jonas der Gefangenschaft wieder aus. Ich verließ aufathmend das Herz Rußlands und setzte fröhlich, der mir aufgebundenen Reiseroute folgend, meinen Fürbaß weiter. Auf der Tour hierher traf ich zwei russische Grenadiere, welche in der Türkei gefangen waren und nun ausgewechselt wurden. Da hörten sie gerüchtsweise, der Kaiser von Rußland sei gefangen, und da die klägliche Kunde nicht widerrufen wurde, so waren sie rasch entschlossen und weinten zusammen. Der Eine sprach von dem Brennen seiner alten Wunde, wogegen der Andere nicht mehr zu wissen schien, was er sagte, denn er behauptete, obschon natürlich Niemand an Gesang gedacht hatte, das Lied sei aus, und er möchte wohl mit dem Kameraden sterben, wenn er, Redner, nicht Familienvater wäre. Dem Ersten war dies indeß gleichgültig. Ihm war der Czar — was mir unter nous gesagt, unerklärlich erscheint — lieber als Weib und Kind, die ihn, wenn ich richtig verstanden habe, sogar zu scheren pflegen. Sie sollten, so meinte er, betteln gehen, aber nur, wenn sie hungrig seien, was mir allerdings, da es dann doch zu spät ist, als eine lästige Einschränkung erschien. Hierauf fuhr er fort: „Die Gefangenschaft von Väterchen überlebe ich nicht, und wenn es so weit ist, dann nimm meine Leiche nach Rußland mit, begrab' mich in Rußlands Erde. Auf's Herz lege mir eine türkische Nase, in die Hand gieb mir eine Flasche Wutki und gürte mir ein Talglicht um. So will ich bis zum Ausbruch der nächsten orien-

talischen Frage liegen, um beim ersten Kanonen- und Pferde-
gebrüll, wenn Väterchen, dem die Soldatengräber ja ganz
gleichgültig sind, auch über mein Grab reitet, parat zu sein
und das Väterchen, das Zärchen zu schützen." Was die
Beiden sonst noch mit einander gesprochen haben, das weiß
ich nicht, da ich mich — es war eine tropische Kälte —
entfernte. Das Gerücht von der Gefangenschaft des Kaisers
hat sich, wie ich aus bestem Telephon versichern kann, nicht
bestätigt.

Noch 12 Tage, und das neue Jahr hat vor 24 Stunden
begonnen. Dann mehr oder weniger mehr.

———

XVII.

Herrn Wippchen in Bernau.

Zu unserm großen Bedauern und nach reiflicher Ueberlegung haben wir Ihren jüngsten Bericht wieder aus der Druckerei zurückgezogen. Sie wissen, daß wir stets bereit waren, der Geduld des Publikums, wie es ja auch von den meisten anderen Blättern erschöpfend geschieht, das Gewagteste auf dem Gebiete des sogenannten Originalberichts zuzumuthen. Aber mit dem Abdruck Ihres jüngsten Kapitels würde auch das geduldigste Publikum entrüstet erklärt haben, daß wir zu weit gehen, und dies mußte um jeden Preis verhindert werden. Kaum hatten Sie nämlich gelesen, daß zwischen den Kriegführenden ein Waffenstillstand abgeschlossen sei, so schildern Sie den Bruch desselben Seitens der Türken und eine daraus sich entwickelnde blutige Schlacht, die damit endet, daß, wie Sie sich ausdrücken, der Krieg der Fuselmänner gegen die Muselmänner mit einem Frieden abschließt, den der Sultan dem Zaren dictirt.

Wir geben ja zu, daß Sie diesen Schluß mit Vielen von Herzen wünschen, aber wir finden es, unter uns gesagt, kindisch, aus diesem Wunsch eine Thatsache zu gestalten und uns zuzumuthen, zu deren Veröffentlichung unser Blatt herzugeben.

Ferner können wir auch die Art und Weise, wie
Sie den Sultan dem Zaren den Frieden dictiren
lassen, nur als einen kindischen Einfall bezeichnen.
Sie setzen den Zaren an einen Tisch mitten auf dem
Schlachtfeld, stellen den Sultan vor ihn hin und
lassen diesen ihm den Frieden dictiren, wie ein Lehrer
seinen Schülern in der Octava etwa eine Fabel
dictirt. Dabei unterbricht sich der Sultan immer
mit den Worten: „Haben Sie, Alexander?" oder:
„Also weiter, Väterchen!" oder: „So sperren Sie
doch die Ohren auf, Selbstbeherrscher aller Reußen!"
und dergleichen. Das, bester Herr Wippchen, geht
nicht.

Wir sehen einem anderen Bericht entgegen und
grüßen Sie

ergebenst

Die Redaktion.

*

Bernau, 17. Januar 1878.

Kindisch! Ich schwöre hundert Thaler gegen drei Hundert Mark, daß Ihnen dies Wort bald leid thut. Mir
wenigstens. Kindisch! So weit mein Auge reichte, blieb
es nicht trocken, als es auf dieses Wort in Ihren geschätzten
Zeilen stieß. Warum kindisch? Weil ich endlich den lang-
ersehnten Frieden herbeiführte? Auch Carlos sagt im zweiten
Auftritt: „O, der Einfall war kindisch, aber" — setzt er

hinzu — „göttlich schön!" Posa ist mein Ohrenzeuge.
Kindisch mag mein Einfall gewesen sein, aber ich halte ihn
für göttlich schön, denn er bezweckte den Frieden. Ich wollte
dem furchtbaren Menschenvergießen ein Ende machen, wollte
dem unersättlichen Leichenhügel Halt gebieten, wollte die un-
schuldigen Männer ihren Wittwen erhalten, wollte, daß man
nicht dauernd sage: Das Ausrotten mit Stumpf und Stiel
c'est l'homme! Ich konnte es nicht länger mit ansehen.
War doch das Handgemenge oft derart, daß ich die Russen
und die Türken über den eigenen Haufen schossen. Meine
Wenigkeit und kindisch, weil sie den Frieden will! Kennen
Sie den Krieg? Nein, Sie kennen ihn nicht. Sie stecken
wie der Vogel Strauß Ihren Kopf hinter den warmen Ofen
und schreien ch Ihren Stentor nach interessanten Berichten
helfer, um Ihren Lesern ein beifälliges Entsetzen zu entlocken.
Krieg! Krieg! rufen Sie vom frühen Alpha bis zum späten
Omega, ohne auch nur zu ahnen, was es heißt, wenn an
Sonn- und Feiertagen die Völker nichts Besseres wissen, als
hinten, weit, in der Türkei ch die Köpfe zu spalten, während Sie höchstens als neuer Burgemeister täglich dreister
werden.

Es soll also nicht sein! Ich tröste mich mit dem Wort,
daß Moses und Propheten nichts in ihrem Vaterlande gelten,
und schlage mir den gespannten Fuß aus dem Kopf. Was
kann auch aus einem Wortwechsel entstehen? Nichts, als eine
kreisende Maus. Parturiunt montes et nos mutamur in
illis. Sie wollen Krieg? Sie sollen ihn in seiner ganzen

Nacktheit haben, sollen sehen, daß ich nicht eigensinnig bin,
am allerwenigsten in Geldsachen, und wenn Sie mir mehr
als 30 Mark Vorschuß senden wollen, so soll es wahrlich
nicht an mir liegen.

*

Schwarzes Meer, 13. Januar.

W. Neptun erglänzte weit hinaus, die Sonne war
heute aus dem Schwarzen Meerschaum glühend emporgestiegen.
Ich war bereits wach. Das Wasser rauschte und schwoll, ich
saß auf dem Deck und sah nach der Angel voll Ruhe, ob-
wohl es mehr als frisch, ja kühl bis an's Herz hinan war.
Der kleine Zeiger des Thermometers wies auf 19 Grad. Ich
liebe die Scholle, aber nicht, an sie gebunden zu sein, und
schon fing ich an, mich von dem dreimastigen Monitor wieder
zurück auf das Feld der Ehre zu sehnen, als der Capitain
erschien, den Befehl ertheilte, Feodosia zu bombardiren, und
sofort zu Pferde stieg. Wie froh war ich! Ich sprang wie
eine Knospe nach langem Winter auf. Das Meer war
unruhig geworden, die Nixen gingen hoch, die Najaden schlugen
über Bord. Da fiel der erste Schuß. Die russischen Batterien
in Feodosia antworteten. Eine Kugel riß unserem Capitain
den Federbusch vom Fez, aber voll Humor rief er sächsisch:
„Eiherrmahomed!“ und setzte sich einen anderen Pickelfez auf.
Schon nach zehn Minuten fragte er mich: „Hören Sie's
wimmern hoch vom Thurm?“ Nein, Herr Capitain, antwortete ich, die Augen spitzend. „Das ist Sturm!“ sagte er.

„Sehen Sie nur, welch Getümmel, Straßen auf! Dampf
wallt auf! Balken krachen, Pfosten stürzen, Fenster klirren!“
Ich überzeugte mich selbst, indem ich meinen Krimstecher auf
die Stadt warf. Und da sah ich nun auch, wie ein Mensch
auf der leergebrannten Stätte einen Blick nach dem Grabe
seiner Habe zurücksendete und die Häupter seiner Lieben zählte,
während er fröhlich zum Wanderstabe griff. Traurig blickte
ich den Capitain an, der, selbst tief erschüttert, zu mir sagte:
„Ja, ja, wohlthätig ist des Feuers Macht, wenn sie der
Mensch bezähmt, bewacht, aber wehe, wenn sie losgelassen.
Jedoch ich mußte!“ Dann gab er Befehl, das Bombardement
einzustellen, und fügte hinzu: „Holder Friede, süße Eintracht,
weilet freundlich über dieser Stadt!“ Feodosia liegt in
Sack und Asche. Unser Verlust ist dagegen nur gering.
Freilich, freilich, die Bomben, die wir in die Stadt schossen,
sind für immer verloren.

Morgen bombardiren wir Anapa, wohin wir heute
noch in den Neptun stechen.

XVIII.

Herrn Wippchen in Bernau.

Wir finden es begreiflich, daß Sie sich, wie Sie uns schreiben, nicht an den Gedanken gewöhnen mögen, — wir citiren Ihre Worte, — ohne Sang und Tanz vom Tapet zu verschwinden. Aber welchen „Sang und Tanz" wählen Sie? Sie melden den Lesern Ihre standrechtliche Erschießung!

Zuvörderst halten wir den Krieg mit dem Abschluß des Waffenstillstandes und somit auch Ihre Thätigkeit noch nicht für beendet. Es können Ereignisse eintreten, welche alle Ihre Kräfte in Anspruch nehmen.

Aber auch aus anderen Gründen haben wir Ihren gewaltsamen Tod in den Papierkorb geworfen. Sie scheinen zu vergessen, daß Sie damit gewissermaßen aus der Reihe der Lebenden scheiden und sich für alle Zukunft journalistisch unmöglich machen würden. Wir haben aber, wenn der Krieg wirklich beendet sein wird, eine andere Mission für Sie, die Ihnen sehr zusagen dürfte, und Sie würden uns daher mit Ihrem Tode einen empfindlichen Strich durch die Rechnung machen.

Und wie beschreiben Sie Ihr Ende, lieber Herr Wippchen! Abgesehen davon, daß Sie selbst den blutigen Akt schildern, worin mancher Leser, so ober-

flächlich heute immerhin gelesen werden mag, einen
kolossalen Widerspruch entdecken würde, so verflechten
Sie augenscheinlich den letzten Akt von Goethe's
„Egmont" mit den Schlußstrophen des Mosen'schen
„Andreas Hofer" zu einem Ganzen, um ein möglichst
dramatisches Ende zu nehmen. Sie schreiben: „Ich
hatte schön geträumt. Mein Clärchen — ich will
den Familiennamen nicht nennen — hatte mir durch
eine Oeffnung in der Kerkermauer einen eigens für
mich angefertigten Lorbeerkranz zu Füßen geschenkt,
und dann weckten mich die ersten Strahlen der
Trommel. Ein gewisser Silva trat ein und las
mir das russische Todesurtheil vor, nach welchem ich
wegen Verbreitung türkischer Siegesnachrichten sofort
vom Leben zur Bastei geführt werden und dort mein
letztes Stündlein erleiden sollte. Süßes Leben! rief
ich aus, schöne freundliche Gewohnheit des Daseins
und Wirkens, von dir soll ich scheiden! Aber das
half nichts, ich predigte vergeblichen Ohren. Wir
brachen auf. Mantua war noch straßenleer. Dem
Tambour wollte der Wirbel nicht unter'm Schlägel
vor, als ich durch das finstere Thor schritt. Alles
war tief gerührt. Auf der Bastei sollte ich in die
Knie fallen und mir dieselben verbinden lassen, aber
ich sprach: Das thu' ich nit! und dabei blieb es.
Dann commandirte ich: Feuer! erklärte noch zum
großen Aerger der Russen, daß schlecht geschossen

worden sei, sagte dem Land Tyrol Ade und — Alles
war vorbei! Friede meinem Requiescat!"

Wir sind nun überzeugt, daß Sie selbst diese
Ihre Darstellung nach nochmaligem Durchlesen als
für die Publication unmöglich erachten werden, bitten
Sie um einen anderen, möglichst sensationellen Bericht und grüßen Sie

ergebenst

Die Redaktion.

*

Bernau, 31. Januar 1878.

Ich habe es gefürchtet! Meine letzte Fata Morgana, als
Opfer meines Berufs zu sterben, haben Sie mir aus dem
Stall gezogen, und ich bin gezwungen, der Schiller'schen
„Güter Höchstes nicht" weiter zu ertragen. Schon 'eilte ich
im Geiste wie die Löwenbraut von Korinth den alten Göttern
zu, da rauben Sie mir meuchlings den Tod, da werfen Sie
mir die Nirwana, auf die ich mich so endlos gefreut hatte,
brutal vor der Nase zu. Sie scheinen also zu glauben, daß
ich mich in's Blaue hinein erschießen ließ, daß ich muthwillig,
wie das bekannte Lämmchen, in den Klee des Todes sprang,
während ich doch den Genius mit der Fackel nach reiflicher
Ueberlegung umgedreht hatte. Ach, ich hörte mit so viel
Freude meine letzte Oelung schlagen! Denn ich sehnte mich
nach Erlösung. Die Muße, welche mir von einem Bericht
zum andern bleibt, ist ein Tropfen auf einen hohlen Zahn.

Meine Nerven schreien wie der Hirsch nach Ruhe. Ich habe das ewige Morden müde. Da machte ich, rasch entschlossen, den Proceß einen Kopf kürzer. Nun wissen Sie — verzeihen Sie das harte Wort! — Alles.

Zwei Tage, nachdem ich meine Erschießung abgeschickt hatte, packte ich meine geringen Hab- und Gutseligkeiten zusammen, schüttelte meiner Wirthin, die mich während des ganzen Feldzuges wie einen Augapfel bedient hatte, die Stirn und warf noch einen wehmuthsfeuchten Blick auf meinen Tisch, an welchem der Geier (hole er sich!) meiner Prometheus-leber so manche Prüfung auferlegt hatte. Der Dienstmann stampfte schon mit meinem Gepäck das Straßenpflaster, da kam Ihr geschätzter Brief und — da sitze ich wieder einsam und verlassen auf der Ariadne und klage mit dem Dichter:

„Ach, mit des Geschickes Mächten
    Ist kein ew'ger Bund zu flechten und weben
    Himmlische Rosen in's irdische Leben!"

Ich füge mich, doch ersuche ich Sie, ehe Sie's vergessen, um 30 Mark Vorschuß. Lieben Sie runde Summen, so senden Sie 40. So kommen wir uns auf halbem Wege entgegen.

*

Constantinopel, 28. Januar.

W. Wie ich Ihnen schon durch Wolff's Telegraphen-Bureau meldete, hat Rußland, kühn gemacht durch das ewige Bugsprietgerassel Englands, seine Forderungen erhöht. Der Zar hat eben die Absicht, die Türkei völlig zu ruiniren, und die Türken sind schon so entmuthigt, daß sie, um nicht zu Kreuz zu sagen, zu Halbmond kriechen, nur um die Russen von der Hauptstadt fern zu halten. Da aber Rußland den Einzug um jeden Preis ermöglichen will, hat es, wie mir so eben sub vier rosa mitgetheilt wird, in seinem Uebermuth von der Türkei nun auch noch die Abtretung Dänemarks verlangt. Darauf konnte natürlich der Sultan nicht eingehen, und so ist denn der Einzug der Russen stündlich zu erwarten.

Der Zustand in der Hauptstadt ist federsträubend, und ich spotte daher jeder Beschreibung. Wer Constantinopel früher gekannt hat, sieht sich heute nicht mehr ähnlich. Jeder Einwohner scheint ein Matthäi zu sein und geht rathlos an sich vorüber. Flüchtlinge aus allen Theilen des Reichs kommen wie Ein Mann, der die Stadt überfluthet. Rauch ist in der kleinsten Hütte. Auch viele Tscherkessen sind gekommen, geborene Mein- und Deindiebe, und der Polizist hat ch daher rasch vermehren müssen. Selbst der Koran wird nicht mehr geachtet, indem in allen Bazaren der Bacchus in Strömen fließt und die Harems zu Hyänen werden. Es sind Scenen zu erwarten, wie sie die sieben Makart in ihren Todsünden nicht darzustellen vermochten!

Ich höre Musik. Ich kenne sie, es ist russische, es ist das Pfeifen auf dem letzten türkischen Loch. Die russische Armee zieht ein . . . Ich vermag vor Erregung nicht weiter zu schreiben . . . Die Marke, mit der ich diesen Brief frankire, erstirbt mir auf den Lippen . . .

XIX.

Während wir unseren Herrn Wippchen in Constantinopel glaubten, hatte derselbe bereits diese Stadt verlassen, um sich auf das neue, inzwischen eröffnete Kriegstheater zu begeben. Von dorther erhalten wir folgenden Bericht.

Die Redaktion.

*

Domoko, 5. Februar 1878.

W. Ich habe es ja gewußt, und ich hätte mit keinen Augen geschlagen sein müssen, wenn ich es nicht vorhergesehen haben würde. Um den Propheten zu spielen, brauchte ich wahrlich nicht auf der Pythia zu sitzen. Es giebt Ereignisse, die dem Politiker ein mit sieben Siegeln verschleiertes Bild sind, nicht mir. Und kaum hörte ich also, der Waffenstillstand sei abgeschlossen, als ich mir auch schon in's Ohr raunte, daß nun für Griechenland der Augenblick gekommen sei.

Keine Feinde ringsum! Nun war für die Griechen kein Fabius mehr möglich, nun mußten sie die Flinte ziehen.

Rußland hatte den Mars an den Nagel gehängt, die Türkei hatte den Kriegsfuß begraden, und so weit die circulos meos reichten, gab es keine Soldaten, die sie zu stören wagen konnten. Es herrschte Ruhe an allen Punkten, welche Archimedes verlangen konnte. Der Halbmond hatte zu Kreuz kriechen müssen. Ließ Griechenland jetzt die Stirnlocke unbenützt vorübergehen, so war anzunehmen, daß die Türkei wieder zu sich selbst kommen und sich vertheidigen würde. Griechenland sagte also: Hic niger est, hic salta! und überschritt die Gränze.

Es sind Männer der That, die Griechen! Noch lebt in Allen ein Stück von dem Heuwagen, vor den sich Alkibiades hinwarf und dem Kutscher zurief: „Fahr' hin, lammherzige Gelassenheit!" Noch steckt in Jedem etwas von den Männern, welche, kaum ein Pferd voll, sich nach Troja hineinziehen ließen. Noch sind sie nicht nur tapfer, sondern auch weise, wie Diogenes, der, als ihm Alexander nicht aus der Tonne gehen wollte, auch noch den Becher wegwarf, weil er die Menschen am hellen Tag mit der Laterne suchen konnte.

Wie Recht die Griechen hatten, jetzt energisch in die Speichen zu greifen, beweist die furchtbare Unsicherheit, von der der Minister des griechischen Auswärtigen Delyanny gesprochen hatte. Die Baschibozuks und Tscherkessen waren gewiß schon in Griechenland eingedrungen. Ich habe folgendes Lied davon zu erzählen. Gestern wanderte ich an leichtem Stade jenseits der Gränze, des Gottes voll, und war, nur begleitet von Kranichen, deren Loos dem meinen so gleich ist, in Poseidons Fichtenhain eingetreten, als ich, bis in des Waldes Mitte gekommen, angegriffen wurde. So weit das Auge reichte, zwei Mörder. Ohne Zweifel Baschibozuks oder Tscherkessen. An Vertheidigung konnte ich nicht denken, ich, der wohl die Leyer, doch nie den Bogen zu spielen gelernt hat. So legte ich mich denn auf das Hülferufen, natürlich umsonst, ich sank schwer getroffen nieder und wurde bis auf die Neige ausgeraubt. Erst gegen Abend schlug ich die Augen empor, als ich einen Griechen, der mich am Boden liegen sah, Ευρηκα! rufen hörte. Dieser wackere Mann brachte mich wieder zu sich, indem er einen Schnaps trank, und geleitete mich zurück. Er meinte zwar, daß die Kraniche die Verbrecher, und wären sie noch so fein gesponnen, schon herausbringen würden. Ich antwortete, daß ich wohl die Botschaft hörte, daß mir aber Alles fehle, was ich bei mir gehabt. (Ich bitte daher, mir etwas baares Talent zu senden. Das Talent hatte im alten Griechenland einen Werth von 4500 Mark. Ich bitte also um ein neunzigstel Talent. Wenn Sie etwas mehr als 50 Mark schicken, so schadet es mir ja nicht.)

Am andern Morgen — der Hahn hatte noch nicht gedämmert — betraten 20,000 Mann Griechen das türkische Gebiet. Da keine Türken zu sehen waren, drangen die Hellenen muthvoll vor, stürmten alle nicht vertheidigten Höhen und besetzten alle wehrlosen Dörfer, die ihnen entgegentraten. Die feindliche Armee konnte von Glück sagen, daß sie nicht in der Nähe war, sie wäre sicher dem Erdboden gleichgemacht worden. Unaufhaltsam wurde auf dem menschenleeren Gebiet vorgedrungen, bis gegen Mittag endlich der Oberbefehlshaber dem Schweißvergießen ein Ende machte. Er kündete seiner Armee an, daß sie glorreich gesiegt habe, worauf dieselbe in ein homerisches Hurrah ausbrach.

Ich muß sagen, daß noch niemals eine Armee sich so human ihrer blutigen Pflicht entledigt hat. Es ist vom Beginn des Kampfes bis zum Ende desselben auch nicht eine einzige Körperverletzung oder irgend ein anderer Exceß vorgekommen. In dem Augenblick, wo ich meinen Brief schließe, ist Alles so still, daß man Olympia ausgraben hören könnte. Es war ein schöner Tag, von dem noch die spätesten Tempi passati erzählen werden!

XX.

Herrn Wippchen in Bernau.

Wir haben, wie Sie wissen, Ihren jüngsten, von der türkisch-griechischen Grenze datirten Bericht abgedruckt und unterließen es als selbstverständlich, Sie zu bitten, keinen zweiten von daher folgen zu lassen. Denn die ganze Demonstration der griechischen Regierung war nur eine flüchtige Episode und erregte kaum das Interesse der Leserwelt. Sie überschätzen sie augenscheinlich. Denn anders läßt es sich nicht erklären, daß Sie uns mittlerweile mit türkisch-griechischen Schlachten förmlich überschütten. So sandten sie uns eine Schlacht bei Salamis, in der Sie die Rolle der Perser den Türken unter dem Commando eines Xerxes Pascha übertragen, und muthen damit den Lesern eine Naivetät zu, die man unter unmündigen Kindern vergeblich suchen würde. Damit nicht zufrieden, schildern Sie den Einzug der Siegestruppen in Athen und unter den bei dieser Gelegenheit stattgehabten Feierlichkeiten eine Theater-Festvorstellung, eine Aufführung der „Wolken" von Aristophanes, eines Stückes, dessen Inhalt Sie erzählen, woraus aber hervorgeht, daß Sie dasselbe für die L'Arronge'sche Posse „Mein Leopold" halten, obschon Sie, wohl um sich selbst zu täuschen, Vater und Sohn ganz richtig Strepsiades und Pheidippides nennen. In solchen und ähnlichen Ausschreitungen aber können und werden wir Sie nicht unterstützen.

Ihr jüngster Brief gehört in dieselbe Kategorie. Sie schreiben, der alte Schliemann sei in Ihnen wach geworden, und schildern nun, wie Sie das Grab der Braut von Korinth aufgefunden. In der Schilderung des steinernen Sarges aber wird Jeder die des Sarges der Julia, welche in jedem „Führer durch Verona" zu finden ist, wiedererkennen, und auch diesen Brief haben wir deshalb zu den Uebrigen legen müssen.

Wir erklären Ihnen schließlich, daß wir Sie nicht verstehen, wenn Sie zur Reise nach Doppelbaden, wie Sie Baden-Baden zu nennen belieben, eine größere Summe Geldes fordern, da Sie, um über den Congreß zu berichten, ja doch nicht dahin reisen, abgesehen davon, daß der Congreß noch im Werden begriffen ist.

In Erwartung einer baldigen Fortsetzung Ihrer Berichte grüßen wir Sie

ergebenst

Die Redaktion.

Bernau, 28. Februar 1878.

Wenn das Datum Ihres werthgeschätzten Schreibens nicht dagegen spräche, so hätte ich geglaubt, Sie wollten mich in den März schicken, indem Sie mir anzeigen, daß Sie meine griechischen Berichte links im Papierkorb liegen lassen. Aber nein, es ist kein Maskenschanz, den Sie mit mir treiben, es ist Ihr völliger Ernst, Sie haben die vier Briefe, die ich mit meiner Herzdinte geschrieben, vernichtet, haben, kühl bis an den Fischer hinan, alle vier von sich gestreckt. Und warum? Ich will es Ihnen sagen: Es fehlt Ihnen der Sinn für das Perikleische Zeitalter, wie unsereinem. Hic haeret lacrimae, — hier liegt der Hund im Pfeffer! Ihnen ist die Schlacht bei Salamis vielleicht die Wurst gleichen Namens, und die Wolken des Aristophanes sind Ihnen — verzeihen Sie das harte Wort! — dunkel. Nun, über den disputandum läßt sich nicht streiten. Die Herrlichkeiten Griechenlands, dem Vandalen sind sie, wie der Dichter sagt, Stein und Bein, und ich habe nicht Lust, meine Perlen nach der Speckseite zu werfen.

Sie werden es eines Tages bereuen, mich unwürdig behandelt zu haben. Meine Arbeiten haben Sie übermüthig gemacht, aber es ist dafür gesorgt, daß die Kämme nicht in den Himmel schwellen, und wenn Sie tausendmal die Poesie Griechenlands von Ihren Lesern stoßen: Galiläi bewegt sich doch!

Dies ist, was ich Ihnen in zwei Worten sagen mußte. Ich hatte Ihnen noch einen Brief aus Athen geschrieben, habe

denselben ader der Asche übergeben. Es war dies eine
Schilderung der Sitzung des griechischen Parlaments, in welcher
der Krieg gegen die Türkei auf der werthen Tagesordnung
stand. Die Reden der Abgeordneten Drakon und Solon
über den Antrag Pindar, der schließlich an eine aus den
sieben Weisen bestehende Commission verwiesen wurde, hatte
ich fast wörtlich mitgetheilt, — nun sind sie bis auf die Er-
innerung verbrannt.

Wenn sich in Ihrer Brust noch ein menschlicher Vorschuß
von 40 Mark regt, so senden Sie mir ihn als einen Beweis,
daß ich nicht unversöhnlich bin und Ihnen gern die Hand
reiche.

Kragujewatz, 24. Februar. :

W. Nach einer strapaziösen Distanz bin ich hier, auf
serbischem Boden, angelangt. Während sich die Diplomaten
Europas den Dardanellenschlüssel aus der Nase ziehen, sind
die Türkei und Rußland abgesagte Freunde geworden und
haben sich den Frieden erklärt. Ich sende Ihnen die Friedens-
stipulationen unter Halbmondband. Gestern sah ich mir das
künftige Bulgarien an, heute die Gebietstheile in Bosnien,
durch welche Serbien vergrößert werden soll. Rußland ist
unersättlich, ein Löwe, welcher Blut wie Heu geleckt hat und
sich nun weder an Verträge, noch an die Menschlichkeit kehrt.
So fordert es von der Türkei 1410, schreibe 1410 Millionen
Rubel, wohl wissend, daß der türkische Schatz leer ist wie ein

Wahn. Natürlich wird es dafür baares Gebiet und klingende Panzerschiffe nehmen. Und die Türkei? De mortuis nil admirari! Für sie giebt es nur Ein Mittel: sie muß eines Tages zum Schutz der Christen in Rußland einen Krieg vom Zaun greifen, um so zu versuchen, den status wieder auf den alten quo ante zu bringen.

Ich eile zum Congreß nach unserm Berlin. Adieu, Wahlstatt! Ich verlasse diesen Ort morgen um 11 Uhr 28 Minuten Vormittags, treffe um 11 Uhr 57 Minuten in Berlin ein, überschreite $1/4$ nach 12 Uhr in einer Gepäckdroschke die Weidendammer Brücke, hoffe um $12^1/_2$ Uhr die Linden im Rücken zu haben und bald darauf den „Kaiserhof" zu betreten. Dort wechsele ich durch einen kurzen Schlaf die Wäsche und komme dann zu Ihnen, um Ihnen die Hand zu umarmen.

Auf ein fröhliches Wieder-Revoir also!